Le guide
de votre parcours professionnel

Éditions d'Organisation
Groupe Eyrolles
61, bd Saint-Germain
75240 Paris cedex 05

www.editions-organisation.com
www.editions-eyrolles.com

Du même auteur :
Ressources humaines pour la première fois, Éditions d'Organisation,
2006

© Groupe Eyrolles, 2007
ISBN 10 : 2-7081-3745-X
ISBN 13 : 978-2-7081-3745-5

Serge Panczuk

Le guide de votre parcours professionnel

L'indispensable pour chercher un emploi,
changer de job, savoir se vendre,
être maître de son avenir…

EYROLLES

Éditions d'Organisation

Pour Théa (7 ans) qui s'est beaucoup intéressée au livre pendant que je l'écrivais,

Pour Mimi (Émilien – 2 ans) qui a adoré colorier les schémas,

Pour Biel (Gabriel) qui est né le jour où j'ai fini d'écrire,

Et pour Pénélope qui fabrique jour après jour un joli point de référence (voir plus loin pour les explications !).

Avant-propos

Les pages suivantes vont nous conduire à travers sept étapes sur la route vers le succès. Elles peuvent paraître au demeurant très simples, voire évidentes. C'est vrai, elles sont faciles à mettre en œuvre et peuvent apporter beaucoup de valeur ajoutée.

Mais ne nous y trompons pas : en informatique, les logiciels les plus aisés à utiliser sont les plus complexes à développer. Il en est de même ici. Rien n'est possible sans travail, énergie et implication. Comme aucun succès n'est possible sans échecs. Pour développer un médicament efficace, les entreprises pharmaceutiques en testent des milliers, voire des dizaines de milliers. Le ratio de succès est donc d'un pour cinq ou dix mille !

Peut-être sera-t-il meilleur dans votre cas, certainement d'ailleurs. Mais il ne sera jamais à un ! Il vous faudra ainsi toujours garder à l'esprit cette phrase de Vidal Sassoon, coiffeur et homme d'affaires, qui disait à propos du succès :

« Le seul lieu où le "succès" précède le "travail"
est le dictionnaire. »

Sommaire

Table des schémas

Introduction

En lisant le titre de ce livre on peut légitimement se poser la question de savoir si la notion de parcours professionnel reste encore valide aujourd'hui, et si une démarche logique de construction ou de pilotage peut réellement être mise en œuvre.

La réponse est forcément positive mais doit par contre être repensée afin d'intégrer la réalité actuelle.

Désormais, le parcours professionnel est avant tout un chemin semé d'embûches, d'incertitudes, de succès et d'échecs.

Il ne suit plus forcément une courbe de progression linéaire et régulière, mais doit se comprendre comme un chemin fait d'apprentissage et d'expérimentations.

C'est enfin une quête que certains résument par le mot « succès » mais qui s'apparente plus à une recherche d'accomplissement professionnel, de cohérence avec ses objectifs personnels et d'équilibre ente plusieurs dimensions parfois opposées telles le travail ou la vie privée.

La réalité fait que cette recherche de cohérence est régulièrement remise en cause par l'évolution de l'environnement.

Et pourtant, même dans l'adversité, la complexité, la difficulté et la dureté, il y a encore des exemples de réussite et d'accomplissement. Et ces exemples ne font pas la couverture des magazines, mais se rencontrent partout, et peuvent se résumer par « je suis bien dans ce que je fais » ou « mon travail me plaît ».

On pourrait définir le succès professionnel comme la conséquence d'un long travail qui permet de mettre en phase des réalisations personnelles et professionnelles avec une vison et un projet que l'on a construit à partir de ses désirs, ses attentes et ses compétences. Gustave Flaubert l'a très bien résumé en écrivant que « *le succès est une conséquence et non un bu*t ».

La réussite d'un parcours professionnel ne se mesure donc pas uniquement en montant de salaire, en nombre de personnes managées, en titre ronflant ou en taille de voiture de fonction, il se mesure **avant tout** par la rencontre entre des attentes et des réalisations.

Alors pourquoi un guide est-il de plus en plus nécessaire ?

En effet, pour construire son parcours professionnel, il suffit déjà de savoir précisément d'où on part et où on veut aller, et de l'accepter.

Rien de plus simple… *A priori.*

Cependant, le monde qui bouge, change, mue et évolue remet constamment en cause les plans, les objectifs et la vision. Le sentiment général est que plus on avance, moins les choses sont claires.

Pour réussir, il faut désormais intégrer de nouvelles réalités et faire face à de nouveaux risques : vitesse, complexité, flou, crises, changements ou ruptures !

Et cette situation est unique.

Aucune situation auparavant n'a atteint le degré de complexité que celle que nous vivons actuellement. Nos parents et grands-parents avaient face à eux un environnement professionnel bien plus lisible, dans un contexte économique plus simple.

Notre époque voit se confronter des situations nouvelles, engendrées par la formidable révolution technologique que nous vivons, et des peurs ancestrales, telles le besoin de sécurité ou de stabilité.

Le choc du progrès et des besoins vitaux, l'explosion de l'information et le besoin de références, le monde qui s'ouvre et la recherche de racines locales, l'ouverture du Web et le repli sur soi !

Un guide devient donc indispensable.

Au-delà d'un livre, un guide est avant tout un état d'esprit qui permet d'anticiper des situations en se préparant. C'est une volonté de rester « aux commandes » plutôt que de subir les événements. C'est enfin un moyen de capitaliser sur les expériences vécues par d'autres et de formaliser ce que l'on sait parfois sans le savoir.

Le guide que vous avez entre les mains se veut être un outil simple par les questions qu'il pose, mais complet par la vision globale de la carrière qu'il aborde. Il vise à donner des outils permettant de maîtriser les diverses situations qui font un parcours professionnel.

Ce n'est donc pas une méthode de rédaction de CV, et c'est encore moins un relevé de recettes miracle.

Mais avant d'aller plus loin dans la découverte de la boîte à outils, approfondissons l'analyse des constantes qu'il faut désormais prendre en compte dans toute démarche de construction et de pilotage d'un parcours professionnel.

La première constante : le flou

Tout en restant dans le même village, ma grand-mère est née en Autriche-Hongrie, mon père en Pologne, le village est depuis peu devenu soviétique et, pour finir, désormais ukrainien.

Quel rapport avec notre sujet ? *A priori*, aucun…

Et pourtant ! Je parlais récemment à un directeur des ressources humaines d'un grand groupe qui est passé de Digital à Compaq, puis à Hewlett Packard… sans changer d'entreprise, la première ayant disparu au profit de la seconde finalement rachetée par la troisième.

Sans bouger de site, il a changé trois fois d'entreprise, mais plus de huit fois de job !

Exceptionnel ? Eh bien, non.

Le flou et l'incertitude sont désormais des facteurs qui remettent constamment en cause notre quête d'accomplissement et de cohérence.

Bienvenue dans un monde qui bouge !

Deuxième constante : la prise de conscience

Face à ces mouvements que je ne peux contrôler, je suis désormais mon premier et meilleur coach, l'acteur de mon développement et le manager de mes ambitions – quelles qu'elles soient.

Loin de moi l'idée de prôner l'anarchie, mais force est de constater que l'entreprise devient également de plus en plus complexe et de moins en moins lisible, soumise aux turbulences d'un monde de plus en plus violent, versatile et exigeant.

Certains voudraient le réguler de plus en plus, mais les règles ont de moins en moins de valeur face aux structures multinationales et protéiformes, qui possèdent de plus en plus de pouvoir, et notamment celui de surpasser les législations nationales.

Il serait donc illusoire – ou voire même stupide – de croire que des décisions nationales pourront encore s'imposer à des organisations mobiles qui changent constamment de formes pour profiter au mieux de l'environnement dans lequel elles évoluent.

Fini donc l'espoir de la régulation extérieure dominante.

Alors, dans ce contexte comment dois-je me comporter et que dois-je exiger ?

Comment chacun d'entre nous doit-il envisager, gérer et accepter les contraintes grandissantes imposées par notre environnement ?

Trois options sont possibles :

- S'y opposer est une première étape, mais est-elle proteuse d'avenir ? Opposer des modèles, c'est accepter de n'entrer dans aucun, voire accepter de critiquer tout en participant.
- S'y adapter est certainement une solution potentielle, mais à condition de savoir comment et de s'y préparer ;
- S'y intégrer et devenir un acteur du système, à même de le changer, est une autre façon de se protéger.

C'est ce que nous essayerons de voir au cours des pages à venir.

L'entreprise ne dispose donc plus de la connaissance absolue. Elle n'est plus sûre et bouge au gré du vent et des tempêtes.

Bienvenue dans un monde qui doute !

Troisième constante : les paradoxes et la complexité

Nos grands-parents – et parfois nos parents – ont connu l'unicité : unicité de métier (je fais la même chose), de lieu (je travaille au même endroit) et de carrière (je reste dans la même entreprise). Et qui dit unicité dit simplicité.

Cette époque est bien révolue.

L'entreprise devient une organisation de gestion des paradoxes.

Et ils sont nombreux, ces paradoxes qui cohabitent au sein de beaucoup d'entreprises : profit à court terme et besoin de vision, besoin de faire des économies et explosion des rémunérations des dirigeants, prise de risque et développement des contrôles, pouvoir de décision de plus en plus centralisé et organisations matricielles, vision globale et marketing individuel, rôle social et délocalisations, rôle sociétal et culture de la performance... La liste pourrait être beaucoup plus longue.

L'entreprise est désormais complexe, incertaine et instable.

Elle demande de l'engagement, mais ne peut plus offrir de stabilité ; elle demande de la motivation, mais ne peut plus offrir de la vision ; elle demande de la performance individuelle mais ne peut plus garantir la performance collective.

De plus, ces paradoxes ont créé de nouveaux salariés. Plus mobiles, plus exigeants, plus sceptiques et plus matures.

Bienvenue dans un monde compliqué !

Quatrième constante : la co-responsabilité

Dans ce contexte, l'entreprise ne peut donc plus assurer **seule** la gestion des « carrières » et de développement de ses employés.

Le temps est donc venu à chacun de prendre ses responsabilités et de construire un projet professionnel cohérent, mais mobile, qui puisse constamment se confronter et s'adapter aux attentes des entreprises.

Alors que l'entreprise est de plus en plus soumise à des critères de performance financière à court terme, nous devons répondre par la mise en place d'une vision de ce que devrait être notre vie professionnelle en analysant les opportunités qui se présentent à nous, les risques à prendre pour les saisir, nos réussites et nos échecs et ce qu'ils nous apprennent, et enfin les compétences à entretenir, développer ou acquérir.

Laisser ce rôle uniquement à l'entreprise est une erreur qui peut s'avérer dramatique en cas de restructuration, de plan social ou, pire, de disparition de l'organisation.

Le développement et la formation devraient donc servir deux objectifs : celui de l'entreprise, qui, parce qu'elle aura des collaborateurs bien formés, augmentera ses performances, et celui de chaque salarié, qui enrichira votre portefeuille de compétences et d'expérience pour servir son propre accomplissement professionnel.

Bienvenue dans un monde exigeant !

Cinquième constante : le mouvement, c'est la vie

Voici donc notre contexte.

Un monde incertain, qui bouge, se remet en cause et change rapidement. Un environnement instable, peu clair et en mutation constante. Une remise en cause des certitudes, des avantages acquis et des valeurs.

Ceci pourrait *a priori* faire peur. Mais si nouos envisageons la situation de manière positive, nous sommes, finalement, dans un monde rempli de nouvelles opportunités.

Tout n'est donc pas négatif dans ce constat de départ.

Bien au contraire.

Les nouvelles occasions de se développer, d'apprendre, de réussir et de s'accomplir sont nombreuses. Pour les saisir, il faut se préparer, anticiper et accepter le monde tel qu'il est… pour le faire bouger.

Bienvenue dans un monde d'opportunités !

Étape 1

Prenez la mesure
de votre environnement

Ou comment devenir un mouton à cinq pattes

> *« Le succès est la valeur personnelle,*
> *multipliée par les circonstances. »*

Alfred Capus (journaliste et auteur dramatique)

Il n'y a plus un jour sans que les journaux ou les bulletins d'informations ne parlent des effets du changement, de la mondialisation ou de la globalisation. C'est devenu un air à la mode, qui motive ou fait peur, bloque, irrite et démotive tout autant qu'il excite, fait ouvrir les yeux et permet de voir le monde différemment. Mais, en plus d'être un sujet à la mode, la globalisation a fondamentalement modifié notre perception de la carrière :

- **Elle a changé notre perception de l'entreprise**, celle-ci devenant de plus en plus floue, mobile et intangible. Ce passage du tangible (un site, un nom, un métier) à l'intangible a une conséquence directe sur l'attachement que nous pouvions avoir pour une entreprise ;

- **Elle a bouleversé le travail quotidien**. La globalisation, associée au développement des technologies de l'information, crée des besoins de nouvelles compétences ;

- **Elle a fragilisé les protections et références naturelles**. On assiste de plus en plus à une disparition « virtuelle » des frontières et de la protection qu'elles pouvaient constituer ;

- **Elle a remis en cause, finalement, le modèle de pensée** dans lequel nous avons toutes et tous été éduqués.

Cette remise en cause passe par la mise en place d'un nouveau type de rapports de force (menaces de délocalisation), un stress croissant lié à l'incertitude, mais aussi l'apparition de nouvelles opportunités, un besoin accru de développement induit par de nouvelles exigences en matière de compétences, et la perte de références.

Ainsi, dans ce monde qui bouge, construire votre succès commence par avoir une parfaite maîtrise de votre environnement. En terme de marketing, un bon produit peut échouer s'il ne rencontre pas le marché et ne répond pas aux attentes des futurs consommateurs. Il en est de même pour ce qui est du pilotage de votre carrière. Vous pouvez être excellent, mais si votre profil est en rupture trop importante avec les attentes des entreprises, l'échec sera au rendez-vous. Il convient donc d'abord vous interroger sur le « marché » et ses exigences.

Sachez où vous mettez les pieds

Qu'est ce qu'une entreprise ? La question semble simpliste… et pourtant ! Au cours des dernières années, l'entreprise a évolué sous la pression de son environnement et des exigences de performance financière. Elle est moins « lisible » et suscite peur, défiance, mais aussi envie et fantasmes.

Quatre facteurs doivent être pris en compte dans le cadre d'une démarche de développement individuel :

- **L'entreprise est un système de pression.** À partir du moment où un système associe rémunération et sanction il devient un système de pression. L'environnement actuel renforce la pression mise par l'organisation sur ses salariés ;

- **L'entreprise fonctionne de plus en plus à court terme.** Le changement est dû, en grande partie, aux exigences de performances financières rapides destinées à satisfaire les investisseurs *via* les Bourses, et Wall Street en particulier ;

- **L'entreprise est un système changeant.** Le changement était un mode de réaction, il devient un mode de gestion et un facteur de survie ;

- **L'entreprise est un système de contrainte volontaire**, un système non égalitaire qui cherche l'équité autour des notions de performance et de risque.

L'entreprise doit donc jongler avec ces paradoxes qui ne sont pas sans conséquences sur sa propre efficacité. Pour continuer à se développer, elle a besoin de compétences qui intègrent ces nouvelles exigences, multiples et parfois contradictoires...

Intégrez les nouvelles exigences

Que cherchent les entreprises ? La réponse est simple. Elles cherchent de l'engagement, de la performance, du talent, de la flexibilité et du multi-tasking. Essayons de voir ce que chacune de ces exigences représente.

Engagez-vous

L'engagement, qui pourrait se traduire ici par implication, est la capacité des salariés à soutenir, appuyer et contribuer au développement de l'entreprise qui les emploie par une surmotivation et une surproductivité. Selon le cabinet de conseil anglais Towers Perrin, un salarié est « engagé » si :

- Il comprend comment il contribue, ainsi que son équipe, à la réussite de son entreprise ;
- Il est motivé pour aider son entreprise à se développer ;
- Il est prêt à faire plus d'effort que nécessaire pour le bien de son organisation ;
- Il est fier de travailler dans cette entreprise ;
- Il s'intéresse au futur de son entreprise ;
- Son travail lui permet de s'accomplir ;
- Il recommanderait son entreprise à un ami.

À partir de cette définition, le cabinet a mené une étude internationale permettant de mesurer le taux d'engagement par pays[1] : Les employés qui se déclarent hautement impliqués dans leur organisation sont 21 % aux USA, 40 % au Mexique, 15 % en Irlande et en Allemagne, et 9 % en France – pour une moyenne européenne de 11 % et une moyenne mondiale de 14 %. Ces résultats sont globalement très moyens et traduisent une méfiance et un désamour de l'entreprise.

---

1. Source Towers Perrin Global Workforce Study – Europe 2006: *"Ten steps to creating an engaged workforce"*.

Soyez performant

L'engagement est un état d'esprit. La performance en est la conséquence. La performance est la capacité à atteindre ou dépasser vos
objectifs personnels, tout en accomplissant vos tâches quotidiennes,
dans le respect des règles et valeurs définies par l'entreprise ou la loi.
Cette définition s'appuie sur trois composantes indispensables qui doivent être associées, les objectifs, les tâches et les règles :

- **Les objectifs**. Ils permettent de définir un axe majeur d'attention au
  cours d'une période définie. Ils sont mesurables (donc « visibles »),
  limités dans le temps (donc « contraints »), en ligne avec les objectifs
  de l'entreprise (donc « cohérents ») et sont associés à des ressources
  particulières (temps, formation, budget, soutien particulier…) ;
- **Les tâches**. Elles constituent l'ensemble des actions exigées par votre
  fonction. Elles sont avant tout liées à un poste, alors que les objectifs
  sont, eux, associés à un individu ;
- **Les règles**. Cette dimension ne cesse de prendre de l'importance dans
  les entreprises. La culture anglo-saxonne de la règle est en passe de
  franchir l'Atlantique sous l'impulsion des investisseurs financiers et en
  réaction à de nombreux scandales tels que l'affaire Enron-Andersen.

Mais en quoi la performance redéfinit-elle le rapport au travail ? La performance est un facteur discriminant, qui remet en cause la notion de
travail, ou du moins certains présupposés comme : « À travail égal,
salaire égal. » Effectivement, la notion de performance tend à remplacer
– ou englober – certains autres concepts. Dans ce cas précis, l'affirma-
tion précédente pourrait se redéfinir comme telle : « À performance
égale, rémunération égale. »

Performance vs travail

Travail	Performance
Ce que je fais	Ce que j'apporte
Identique	Différenciant
Stable	Mobile
Égalité	Équitable

Ce qui définit de plus en plus la rémunération, ce n'est plus le travail, mais bien la performance. Le corollaire de l'analyse précédente, c'est que la performance a introduit un concept de pression et de sanctions positives ou négatives. Cette pression peut être source de stress, mais aussi d'individualisme et de compétition interne. Le jeu consiste alors à définir des processus et des moyens de contrôle, évitant que la performance échappe au contrôle de l'organisation et ne crée des comportements dangereux pour la pérennité de la structure.

Mais la performance est aussi un moyen de reconnaissance accru, *via* la généralisation des rémunérations variables. Elle peut être également un facteur d'intégration et de cohésion, comme d'information, assez puissant, grâce à la mise en place d'un langage commun qui dépasse les différences culturelles ou fonctionnelles.

Mettez en avant votre talent

> *« Le talent provient de l'originalité, qui est une manière spéciale de penser, de voir, de comprendre et de juger. »*
>
> Guy de Maupassant

Bien que l'entreprise ait toujours eu une démarche de développement des compétences, les dernières années ont fait évoluer cette exigence en y ajoutant une nouvelle dimension : celle du talent. Alors que la compétence se définit par ce que vous savez faire (les classiques savoir-faire et savoir-être), le talent est lui plus difficile à définir. Que regroupe ce terme ?

- Des compétences techniques et/ou relationnelles, sources de performance ;
- Un impact fort sur le développement de l'entreprise et une valeur intangible et pourtant fondamentale ;
- Un potentiel pour le futur développement de l'entreprise ;
- Une valeur d'exemple, tant en terme de performance qu'en terme d'adéquation avec les valeurs de l'entreprise ;
- Un processus d'identification basé sur des critères bien définis, ainsi qu'une politique de suivi et de développement.

Alors que la compétence semble être une dimension trans-entreprise, le talent reste, lui, très fortement lié à ce qu'est et veut l'entreprise. Un talent dans une organisation ne sera pas forcément reconnu comme tel dans une autre organisation. Il convient donc de garder à l'esprit cette dimension qui peut avoir un effet de « booster » dans votre carrière. Il faut vous y préparer et chercher à comprendre ce qui fait – et donc ne fait pas – un talent.

Soyez flexible

La flexibilité est un ensemble de capacités qui permet de changer rapidement tout en maintenant le même niveau de performance. Car le challenge est là : changez et développez votre performance, ou changez *pour* améliorer votre performance. Si vous voulez être à même de gérer le changement, vous devez donc à la fois développer votre performance et gérer la crise liée aux turbulences et modifications en cours. Il vous est demandé ainsi une double capacité d'action et de prise de recul, de réflexion sur vous et de projection dans l'avenir.

Que recouvre cette notion de flexibilité ?

- Une ouverture d'esprit et une forte capacité à avoir une vision périphérique, permettant de comprendre votre environnement et d'anticiper les changements ;
- Une aptitude à envisager plusieurs scénarios en même temps ;
- Une capacité de résilience, permettant de survivre aux changements et d'en tirer des conséquences pour le futur.

Mais être flexible permet aussi de faire face à une autre exigence, celle du multi-tasking.

Soyez multitâche

Le multi-tasking consiste à faire plusieurs choses en même temps. L'explosion des flux d'informations et la recherche effrénée de l'économie *via* les réductions d'effectifs vous amènent à agir « en parallèle » et non plus en « série ».

Face à un environnement complexe, les entreprises adoptent des formes complexes en créant de multiples liens hiérarchiques (la structure matricielle), ainsi que l'appartenance à plusieurs équipes (notamment des équipes projets). Bien sûr, cette situation induit un risque de confusion pouvant entraîner de mauvaises décisions. Pour ce faire, l'entreprise recherche des salariés capables de gérer plusieurs projets en même temps et de développer leur vision périphérique, c'est-à-dire la capacité à intégrer des d'informations venant de sources de plus en plus variées… un mouton à cinq pattes associant engagement, performance, flexibilité, courage, éthique et loyauté ! Un parfait modèle de la recherche du Graal, vision improbable de la perfection professionnelle.

Et pourtant… illusoire au premier abord, il semble cependant possible de vous rapprocher de cette attente, à condition de bien vous préparer et de revoir quelques notions de bases liées au développement personnel.

Maîtrisez une situation professionnelle de moins en moins stable

Face à ces évolutions et ces exigences de l'entreprise, chacun d'entre vous doit remettre en cause certains principes de bases tels que la carrière, le métier et la stabilité.

Reconsidérez la notion de carrière

Parler de succès c'est bien sûr évoquer la notion de carrière. Là encore, le chemin tout tracé, clairement défini et proposé par l'entreprise a vécu. On entend plus par carrière aujourd'hui un ensemble de responsabilités variées, tant par leur nature que leur ampleur, reliées par un fil rouge plus ou moins cohérent. La responsabilité de ce dispositif passe de plus en plus de l'entreprise à l'individu. C'est l'ère de la responsabilité active en matière de pilotage de carrière.

Certes cette responsabilité a toujours existé, mais elle était grandement partagée avec l'entreprise, d'autant plus partagée que la présence dans l'entreprise était longue et stable. Le fil rouge pouvait donc être co-défini et co-géré. À présent, l'entreprise et le salarié peuvent co-gérer des tronçons de parcours professionnels mais non plus un ensemble cohérent. Ce besoin de cohérence a glissé vers l'individu – maintenant en charge de ses choix, de ses risques et de sa vision.

Ainsi, devez-vous apprendre à agir en tacticien, à saisir les opportunités au moment où elles apparaissent, en prenant rapidement vos décisions. Vous devez donc faire de plus en plus de choix, et ces choix seront de plus en plus impliquants, à la fois au niveau professionnel et personnel. Parallèlement, vous devez prendre la responsabilité de votre développement, car vous êtes les seuls à pouvoir apporter une approche globale, trans-entreprises et trans-expériences. Dans ce contexte, l'entreprise fournit un support cadré, limité dans le temps, mais aussi naturellement biaisé par ses propres intérêts.

Pendant de nombreuses années une carrière était représentée sous la forme d'une ligne quasi droite et ascendante. La progression en matière de salaire et de responsabilités se faisait de manière régulière, répondant à des critères d'ancienneté, de coût de la vie et de grille d'avancement quasi automatique. Ceci est désormais derrière nous. Les turbulences économiques nous amènent donc de plus en plus à envisager le parcours professionnel comme un chemin sinueux, fait de haut et de bas, de phases d'accélération et d'arrêt, combinant parfois plusieurs activités professionnelles. C'est la fin du parcours sans rupture, qui suppose une intégration de la notion de risque, de chute, de reconstruction et de nouveau départ. C'est aussi une approche plus globale qui peut déboucher sur des changements de région, de pays, de métier et de rôle.

Développez votre expertise

Jusqu'alors plutôt stable et défini, le métier fait de plus en plus place à une notion d'expertise. En outre, le métier n'est plus unique.

Un parcours professionnel peut – et va – être une succession de métiers, soit dans le même domaine, soit complètement différents (de vendeur à manager des ressources humaines). Ce qui implique l'apparition de nouvelles compétences, plus seulement techniques, mais devant aider ces transitions. Il s'agit de compétences dites intégratives ou adaptatives que nous détaillerons plus tard. Elles sont transversales et permettent de préparer des changements lourds, tels que les changements d'orientation professionnelle.

Or, nous y sommes très peu préparés par notre système éducatif. Il faut donc compenser cette déficience par une démarche individuelle visant à :

* **Apprendre à apprendre**, c'est-à-dire mettre en place une démarche individuelle active qui vous place au centre du dispositif de formation, en vous donnant les compétences nécessaires pour acquérir régulièrement de nouveaux savoirs et les mettre en œuvre ;
* **Développer votre analyse critique**, c'est-à-dire la capacité à vous connaître, identifier vos forces et vos faiblesses et utiliser ce diagnostic pour vous développer dans le long terme ;
* **Développer flexibilité et résilience**, c'est-à-dire faire, changer, échouer et repartir avec le même niveau de motivation ;
* **Privilégier le management transculturel**, c'est-à-dire la capacité à travailler dans des environnements variés, tant en terme de nationalités que de fonctions.

D'une manière plus large, il est désormais indispensable que vous favorisiez le développement de vos compétences relationnelles autant que celui de vos compétences techniques. En effet, le métier est remis en cause dans ses fondements. Il fait place à une culture de l'expertise qui devient une somme de compétences techniques, relationnelles, intégratives et organisationnelles. Alors que le métier propose une vision globale, centrée sur la technique, et plutôt stable, l'expertise est un set de compétences multiples et variables articulées autour d'une dominante technique ou comportementale, et renforcée par l'expérience. C'est aussi un statut variable et évolutif.

Gérez l'instabilité

Être dans une situation stable est une motivation forte pour beaucoup de gens, quand le monde autour de nous est de moins en moins stable. Alors que faire ? Au lieu de résister et de vivre dans un stress constant ne vaut-il pas mieux accepter le changement et voir comment en tirer le meilleur profit ? Changer implique de passer du stade de conséquence (d'une relation passive et potentiellement traumatisante) à celui d'une démarche volontaire, active et structurée. C'est un mode d'action qu'il vous faut absolument intégrer, car :

- **Il évite d'être surpris et permet d'anticiper.** Il y a des bons et des mauvais moments pour partir ; envisager le changement est une forme d'assurance sur l'avenir qui permet de se préparer régulièrement à devoir changer. C'est un état d'esprit qui met en avant des notions de prévoyance plutôt que de réaction ;
- **Il évite de s'exclure, se dévaloriser ou se figer.** L'entreprise valorise de plus en plus les expériences variées, synonymes d'adaptabilité et d'ouverture d'esprit, plutôt qu'une trop grande stabilité susceptible de contrarier la nécessité de performance.

Acceptez l'incertitude

> *« L'incertitude n'est pas dans les choses mais dans notre tête :*
> *l'incertitude est une méconnaissance. »*
> Jacques Bernoulli (mathématicien suisse)

L'incertitude est un rapport différent au temps et à l'information. Elle est créée par les facteurs suivants :

- un manque d'information ou le sentiment d'être exclu d'une décision ;

- un décalage entre la décision et l'information,
- un inconfort par rapport à des décisions.

C'est donc un facteur bloquant, principalement créé par un environnement extérieur ou un mode de management. Il vous faut cependant apprendre à fonctionner dans ce contexte, en étoffant votre réseau pour obtenir des informations au-delà des canaux officiels, mais aussi en apprenant à décider avec moins de données.

Nous sommes donc dans une situation complexe, évolutive, qui semble laisser peu de marges de manœuvres et de place pour l'initiative et l'accomplissement personnel. Et pourtant...

Apprenez à vous rendre attractif

Les exigences semblent nombreuses et difficiles à atteindre, mais quelques règles simples vous permettent de vous mettre en phase avec ce marché et de vous rendre attractif.

Construisez une performance visible

Une fois entré dans le jeu, l'important est de considérer toute action comme un élément de développement de votre valeur individuelle, et donc de votre performance et de votre potentiel.

Jouer dans une perspective de performance, c'est développer une capacité naturelle à savoir ce qui contribue – ou pas – à votre développement. C'est une véritable démarche de construction, basée sur un plan et où chaque brique est constituée d'une réalisation concrète, tangible et connue. Enfin, une performance invisible n'aurait que peu d'impact. Il vous faut apprendre à rendre visible vos actions, faute de ne pas pouvoir capitaliser sur vos réalisations.

Définissez vos règles pour être maître du jeu

Il ne faut jamais tout accepter. Le succès n'est pas fait de renoncements, mais bien de cohérence. Or, sous la pression, vous pouvez vous trouver face à des choix difficiles et risqués. Non pas en terme de conséquence possible sur la performance, mais de remise en cause de vos valeurs et de votre projet.

Pour ne pas vous laisser piloter et garder l'initiative, il faut avoir conscience de ce que vous pouvez accepter ou pas.

Protégez-vous

La stabilité et la sécurité ne sont plus de mise en matière d'économie. Et pourtant, il est naturel de vouloir vous protéger et de chercher à évoluer dans un environnement sécurisant. L'objectif peut rester le même, mais les moyens pour y parvenir vont varier.

Ainsi, pendant longtemps, l'entreprise, la législation et les frontières garantissaient cette protection. Aujourd'hui, la démarche de « sécurisation » est en passe de devenir de plus en plus individuelle. L'insécurité ambiante doit être contrebalancée par une assurance individuelle qui se basera sur trois piliers :

- La formation. Elle vous permet de vous maintenir constamment au meilleur niveau, et donc de développer votre valeur et votre spécificité ;
- L'information. Elle vous permet de savoir ce qui se passe, où, quand et pourquoi. Elle vous aide à garder les yeux ouverts et vous force à mettre en place une démarche de curiosité ;
- L'anticipation. Elle vous permet d'avoir toujours au moins un coup d'avance. Il s'agit à la fois d'action et d'un état d'esprit : toujours vous préparer au pire ou à l'inattendu. Apprenez à considérer la trop forte stabilité comme un risque de fixation trop important.

Là encore, l'objectif n'est pas de changer tout le temps, mais d'être constamment prêt à changer. Mais ce changement n'est possible que s'il vous permet d'atteindre un objectif clairement défini au préalable. C'est ce que nous allons voir à présent.

Étape 2

Partez à la découverte de vous-même

Ou comment devenir l'architecte
de votre parcours professionnel

« Là ou il y a une volonté il y a un chemin. »
Lénine

Dans ce contexte, nous devons toutes et tous nous construire au sens premier du terme. Cette construction a pour but de mettre ensemble des briques en suivant un plan afin que l'ouvrage soit cohérent et adapté à l'usage qui lui a été fixé. En l'occurrence, les briques seront constituées par les compétences ou les expériences, et l'objectif par la vision. Cependant la construction ne doit pas être rigide, mais témoigner d'une faculté d'adaptation à l'environnement. Pour ce faire, il faut construire de manière flexible, « lego-ifier » son projet tout en conservant des bases solides.

La seule façon d'y arriver est de parfaitement connaître chacune des briques, et de pouvoir improviser divers assemblages en fonction de ses envies et des exigences externes ou des contraintes internes. Une construction réussie doit s'appuyer sur des fondations solides et des matériaux de qualité. La qualité de la construction sera fortement influencée par la cohérence du montage et l'enchaînement logique de l'assemblage des divers composants.

Commençons donc à nous intéresser à la matière première, qui est composée de matériaux aussi complexes à définir que les compétences, les préférences, les choix de vie et les contraintes. Un architecte doit combiner la réflexion et l'action. D'abord dessiner des plans et ensuite travailler dessus, puis passer à la construction en elle-même. C'est exactement le même processus pour ce qui concerne la construction de votre parcours professionnel. C'est une démarche volontaire, structurée, faîte de prises de risque, d'options et d'actions. Comme toute construction, cette démarche commence par le plan qui, dans ce cas, consiste à avoir une idée extrêmement précise de ce que sont les compétences, la zone de confort et de prise de risque, ainsi que les motivations individuelles.

Identifiez vos compétences

Essayons tout d'abord de définir les compétences. Au-delà des nombreuses définitions propres au langage de la fonction ressources humaines, je définirai simplement les compétences par ce qu'une personne peut faire et prouver par des réalisations ou des actions concrètes.

Les compétences peuvent être de plusieurs ordres (voir page 34) mais elles regroupent toutes les dimensions qui vont de la technique au relationnel. Leur point de convergence est la preuve apportée que vous pouvez les mettre en œuvre. Il ne s'agit donc pas de théorie, mais bien de pratique. En revanche, tout succès passe par la connaissance de ses propres compétences et la capacité à en faire une analyse claire. On ne peut être compétent dans tout, comme on est rarement globalement incompétent !

Une vision claire suppose une réflexion régulière sur ses compétences et leur évolution. Car les compétences bougent, grandissent ou s'endorment. Elles s'acquièrent *via* la pratique, la formation (la vraie), et le cumul des deux : l'expérience. Elles peuvent aussi se mettre en sommeil (voire régresser) par manque de pratique et d'actualisation. Une compétence non utilisée ne disparaît pas, par contre elle peut régresser, et la remettre à niveau demande alors beaucoup d'énergie.

Pour les identifier, rien de plus simple, le tableau page suivante est là pour vous aider.

Ainsi :

* Listez ce que *vous savez faire*, comment vous pouvez le prouver et comment vous pouvez continuer à vous améliorer ;

* Listez ensuite ce que *vous pourriez faire*, mais n'avez pas pu faire faute d'avoir été confronté au sujet. Identifiez alors les connaissances déjà acquises et ce que vous souhaiteriez faire pour les faire évoluer vers des compétences ;

Identifier ses compétences et ses zones de développement

Ce que je sais faire	Preuves et réalisations	Possibilités d'amélioration
Ce que je pourrais faire	Connaissances Formations théoriques Goûts personnels	Comment se développer
Ce que j'ai du mal à faire	Échecs, difficultés	Comment s'améliorer ou compenser
Ce que je n'ai pas envie de faire		

* la phase suivante est l'identification de ce que *vous ne savez pas faire* (avec des exemples associés qui permettent de faire un tri entre les vraies difficultés et les cas de non-pratique par manque d'expérience). Nous n'identifions ici que les faiblesses « prouvées » par des faits.

 Encore une fois, personne n'est jamais omnicompétent. Une fois identifiées vos faiblesses, cherchez à voir comment vous développer dans cette zone ou comment les compenser par d'autres forces.

* Dernier point : il est toujours utile d'avoir une idée claire de ce que l'on ne veut pas faire. Il s'agit là de mettre en avant la zone que l'on exclut volontairement.

Il n'y a pas donc pas ou peu d'incompétence absolue mais des compétences non adaptées ou mal utilisées. En revanche, il faut définitivement oublier le diktat des compétences techniques bâties sur un modèle dominé par les cultures d'ingénieurs et/ou de fonctionnaires. Une compétence technique n'est – presque – rien sans compétence relationnelle. Désormais vous devez identifier vos compétences selon qu'elles sont techniques, relationnelles, intégratives ou organisationnelles. C'est le TRIO de quatre compétences décrit page suivante.

L'important est avant tout de considérer que l'entreprise ne doit pas rechercher uniquement les compétences techniques. Si celles-ci peuvent assurer une partie de la performance et de la crédibilité, les compétences d'un autre ordre (*cf.* le schéma page suivante) sont quant à elles source de développement et de réussite à long terme.

Donc, en guise de conclusion sur les compétences :

- **Avant tout, sachez mettre en avant ce que vous savez bien faire** : des actes, des preuves, des témoignages et des réalisations. Ce qui dure, ce qui se voit, ce qui est reconnu par les autres ;
- **Les compétences sont variées** : plus votre palette est large, plus vous avez de chances de réussir ;
- **Les compétences sont un socle** sur lequel vous devez construire votre image et votre communication. Les compétences peuvent parler d'elles-mêmes, mais parfois elles ont besoin d'un amplificateur ;
- **Un diplôme ne donne pas de compétences**, c'est un point important. Il donne de la connaissance, un brin de pratique et l'accès à un réseau. Des notions comme « bac + » quelque chose sont à proscrire absolument. Un bac + 5 ne veut rien dire, ni en terme de compétences, ni en terme de valeur. Un diplôme ne vaut plus rien – en termes d'affichage et de CV – après cinq années d'expérience professionnelle. C'est une clé pour entrer sur le marché de travail, certainement pas une clé pour la vie.

Le TRIO de quatre compétences

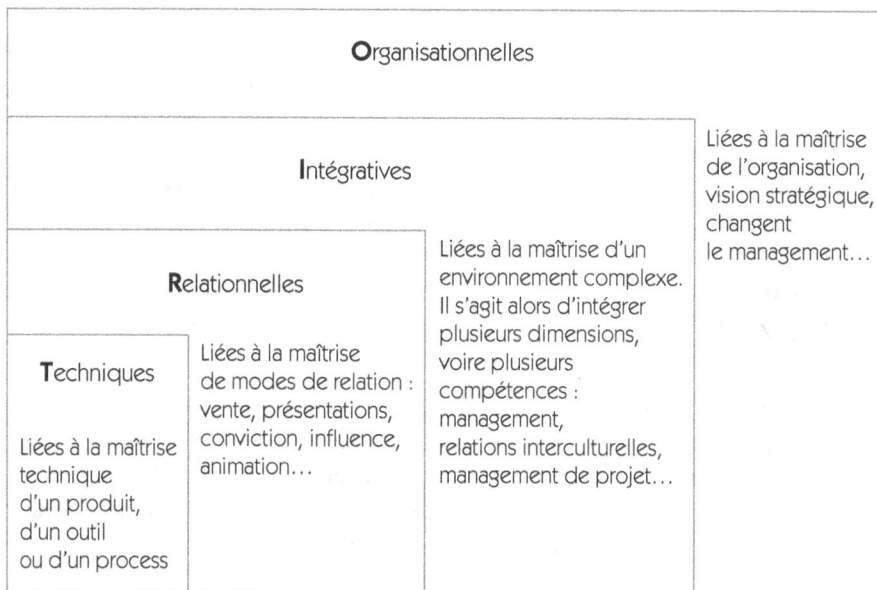

Organisationnelles			
Intégratives			Liées à la maîtrise de l'organisation, vision stratégique, changent le management…
Relationnelles		Liées à la maîtrise d'un environnement complexe. Il s'agit alors d'intégrer plusieurs dimensions, voire plusieurs compétences : management, relations interculturelles, management de projet…	
Techniques	Liées à la maîtrise de modes de relation : vente, présentations, conviction, influence, animation…		
Liées à la maîtrise technique d'un produit, d'un outil ou d'un process			

Définissez votre zone de confort et votre zone de risque

Qu'est-ce qu'une zone de confort ?

Il s'agit des différents domaines dans lesquels vos compétences peuvent s'exprimer pleinement et dans une relative sécurité. L'objectif sera ensuite d'envisager ce que peut être la zone d'inconfort, et donc de risques accrus.

Le schéma ci-dessous représente votre zone de confort qui comporte cinq dimensions :

Ma zone de confort

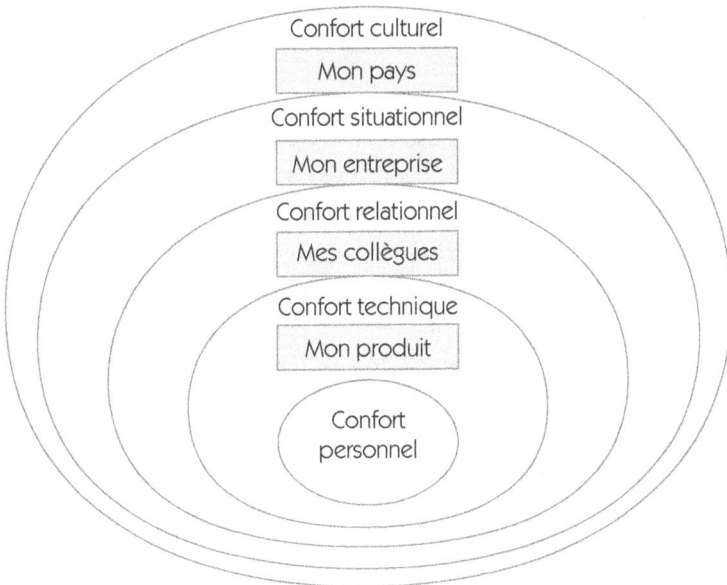

- La **zone de confort personnel**, c'est-à-dire ce dont j'ai besoin dans mon environnement proche (famille, amis, enfants…) ; il s'agit d'un des points d'ancrages principaux de votre confort ;
- La **zone de confort technique**, qui représente vos compétences et préférences en terme de produits, de types d'activité ou de compétences techniques à mettre en œuvre ;

- **La zone de confort relationnel** identifie le type de relations dans lesquelles vous vous sentez à l'aise – notamment avec vos collègues, managers ou subordonnés : relations directes, informelles, formelles, amicales, etc. ;

- **La zone de confort situationnel** est liée au contexte dans lequel vous vous sentez le plus à l'aise, tel que le type d'entreprise (PME, entreprise familiale, grand groupe, dimension locale, nationale, internationale) ou le secteur d'activité (pharmacie, luxe, musique, automobile…) ;

- **La dernière zone est liée à la culture.** Il s'agit d'identifier dans quelle culture vous vous épanouissez le plus ? Cette culture peut croiser plusieurs éléments tels que la culture nationale, la culture du métier ou la culture locale.

Comment vous en servir ?

Le principal atout de cette démarche est de déterminer le contexte dans lequel vous êtes au maximum de vos performances ou celui dans lequel vous vous sentez le plus à l'aise. Cette approche permettra par la suite d'analyser votre capacité à prendre des risques.

Il y a plusieurs types de risques, dont l'ampleur reste limitée dans le premier cas et où la situation se complique dans les deux suivants :

- **Un changement dans le domaine de la sphère de confort.** Ceci concerne, par exemple, le changement d'entreprise tout en restant dans le même secteur, le changement de pays mais en restant dans la même zone de confort culturel (par exemple, une même langue de travail) ou le changement de produit qui permet toutefois de s'appuyer sur des compétences techniques de base. Dans ce cas, les risques existent toujours mais sont contrôlés par le fait qu'ils ne remettent pas en cause vos bases.

- **La conjonction de prises de risque dans la zone de confort,** soit la combinaison de plusieurs changements, tels qu'un changement de produit et de collègues, un changement d'entreprise et de culture. Plus les changements combinés sont nombreux, plus le risque est important. Mais, dans ce cas, vous êtes encore dans le champ de la zone de confort.

- **La sortie de la zone de confort.** À ce niveau, le changement vous amène à reconsidérer un élément de votre zone de confort : ce changement est un changement lourd qui demande de la réflexion et de la préparation. Il entraîne des besoins de formation, de soutien, de coaching ou de nouvelles ressources. Il est source de stress et doit être considéré en fonction de votre vision et de votre projet personnel. Il faut alors vous demander s'il est source de réel développement et, dans le cas contraire, quelles seraient les options de replis.

Le risque ultime est, quant à lui, une conjonction de prises de risque hors de la zone de confort.

L'autre dimension à prendre en compte est la sollicitation de vos forces ou de vos faiblesses. Un changement peut engendrer trois conséquences sur vos forces et vos faiblesses :

- il sollicite vos forces et donc vous permet de mettre en avant vos réalisations ;
- il a un impact neutre ;
- il sollicite vos faiblesses et vous met donc en situation difficile.

Le tableau suivant vous permet de positionner votre prise de risque en six catégories, en fonction de l'ampleur du changement et de la sollicitation de vos compétences :

- Risque très ou trop élevé : combinaison de changements hors zone de confort et de sollicitations de points considérés comme faibles ;
- Risque élevé : même contexte mais dans la zone de confort ;
- Risque relativement élevé lorsque les compétences ne subissent pas de remise en cause de fond et que le changement vous fait sortir de la zone de confort ;
- Risque acceptable lorsque ce changement reste dans la zone de confort avec un impact neutre sur vos forces et vos faiblesses ;
- Risque modéré lorsque le changement s'effectue hors zone mais permet de mettre en avant vos forces ;
- Forte opportunité lorsque le changement est dans la zone de confort et permet de renforcer certaines compétences critiques.

no.

Prise de risque

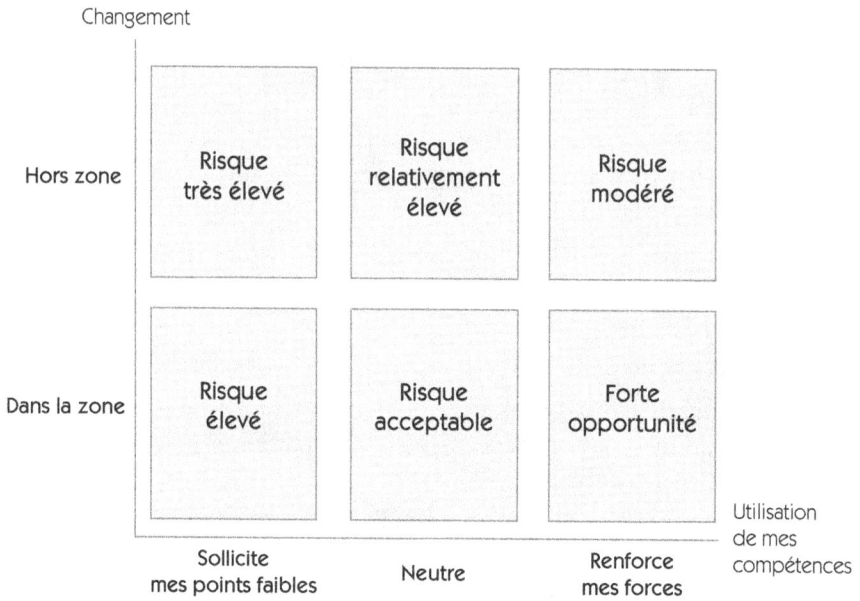

Changement

	Sollicite mes points faibles	Neutre	Renforce mes forces
Hors zone	Risque très élevé	Risque relativement élevé	Risque modéré
Dans la zone	Risque élevé	Risque acceptable	Forte opportunité

Utilisation de mes compétences

Le dernier niveau de prise de risque consiste à faire plusieurs changements hors de sa zone de confort comme le montre le schéma page suivante.

Mes zones de risque

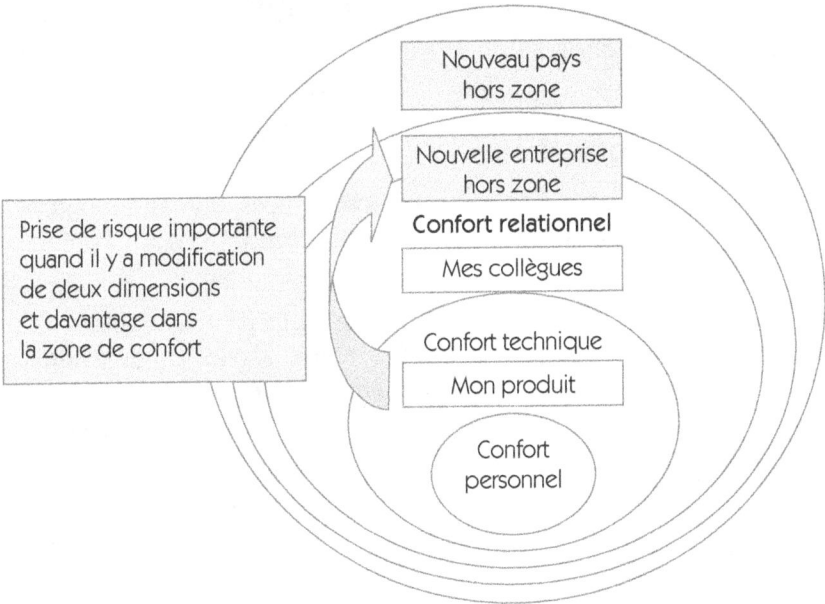

Nouveau pays
hors zone

Nouvelle entreprise
hors zone

Confort relationnel

Mes collègues

Prise de risque importante
quand il y a modification
de deux dimensions
et davantage dans
la zone de confort

Confort technique

Mon produit

Confort
personnel

Dans ce cas, le tableau d'évaluation des risques évoluerait de la façon suivante :

Prise de risque : combiner les changements

Plusieurs changements

Hors zone	Risque extrèmement élevé	Risque très élevé	Risque acceptable
Dans la zone	Risque très élevé	Risque élevé	Risque modéré
	Sollicite mes points faibles	Neutre	Renforce mes forces

Utilisation
de mes
compétences

Les compétences et la maîtrise des risques *via* l'analyse de sa zone de confort restent du domaine du factuel. Elles sont liées à un apprentissage, à une pratique ou à des expériences. Le champ suivant est plus subjectif, il aborde le domaine des motivations.

Identifiez vos motivations

Une fois que vous connaissez vos compétences et votre capacité de prise de risque, il convient de prendre en compte vos motivations. Là encore de nombreuses définitions existent et cohabitent.

Pour simplifier, les motivations sont l'ensemble des considérations personnelles qui vous poussent à faire quelque chose. La motivation est donc bien un facteur personnel, qui bien sûr a un fort impact sur la qualité de votre travail, de votre performance, ou encore sur votre engagement. Un manager ne peut donc pas vous motiver, mais il peut – ou pas – créer un environnement dans lequel vous trouverez une réponse à vos critères de motivations. Je dis bien « vos », car la motivation est une somme de critères variables.

Les critères de motivations se regroupent en cinq dimensions (je n'aborderais ici que des exemples liés à l'environnement professionnel mais ils peuvent être déclinés dans un tout autre environnement) :

- **Dans le premier champ, je suis motivé par moi.** Il s'agit de l'ensemble des facteurs qui sont liés à mon confort, mes exigences, mes croyances. À ce niveau, l'ensemble de ma motivation tourne autour de moi (par exemple, mon titre, mon salaire, mon bureau…) ;

- **Le deuxième champ intègre l'intérêt pour l'environnement non relationnel**, matérialisé par exemple par le produit. « Je travaille parce que le produit ou la technique me plaît. » Ce groupe de motivation se retrouve très présent chez les techniciens, chercheurs et ingénieurs ;

- **Le troisième champ est celui de la relation directe**, avec mon équipe, mes collègues ou mon « chef ». Dans cette catégorie, la motivation est issue de la relation directe ou de proximité. Dans ce cadre, on entendra souvent : « J'aime travailler dans cette ambiance… Je suis heureux avec mes clients… Je reste ici grâce à mon manager… » ;

- **Le quatrième champ intègre une dimension relationnelle plus vaste**, il est plus complexe que le précédent. La motivation vient de la prise de conscience de la complexité de l'environnement et de la volonté de s'ouvrir à d'autres personnes, d'autres cultures ou d'autres expériences. Le relationnel reste privilégié mais dépasse le premier cercle de relations composé habituellement du manager et des collègues, voire des membres de l'équipe. On entend alors souvent : « J'aime être dans un projet avec des représentants du marketing et de la recherche… J'apprécie énormément de pouvoir être en contact à la fois avec les clients et certains de nos fournisseurs… » ;

- **Le dernier groupe s'ouvre lui sur un champ encore plus vaste, celui de l'entreprise, voire de la société :** « Je travaille ici parce que nous contribuons à sauver des vies… J'aime travailler dans le domaine culturel car j'ai l'impression de donner du bonheur aux gens… ».

Ces groupes sont également assimilables à un champ de vision. Plus on s'éloigne du centre et plus la vision sur l'organisation et le monde s'amplifie.

Ce qui me motive
Qu'est-ce qui me plaît dans ce travail ?

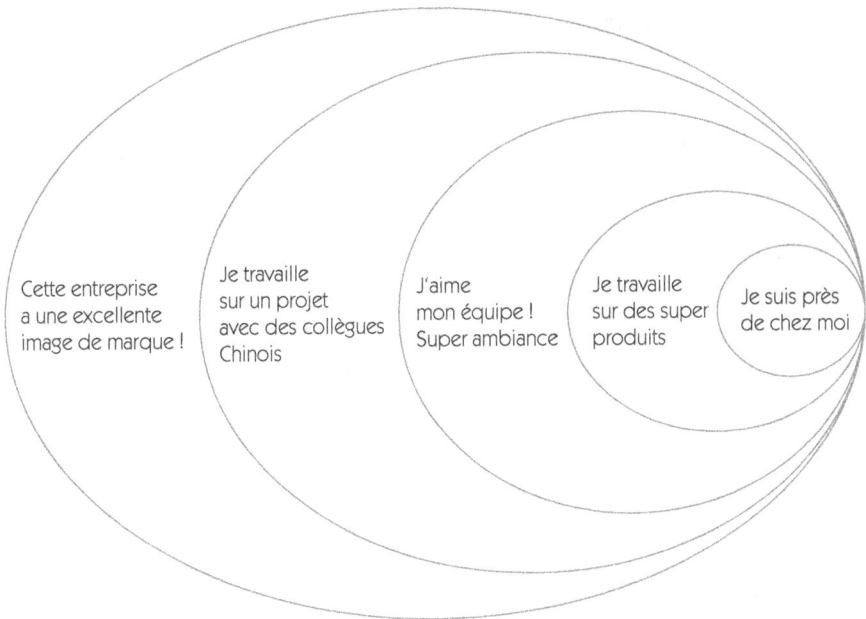

À vous maintenant de vous positionner sur ce schéma. Certes beaucoup diront que cela varie en fonction des tâches. C'est partiellement vrai, mais nous avons toutes et tous une dimension dominante. Elle détermine alors la façon dont nous lisons le monde, ainsi que nos *a priori*, nos projets et nos succès. Le schéma ci-dessous liste quelques facteurs de motivation en fonction des différents groupes.

Vos facteurs de motivation

MOI	Un environnement technique	Un modèle relationnel simple	Un modèle relationnel complexe	Une vision globale
Salaire Conditions Horaires Titre Statut	Produit Savoir Technicité Défi technique	Appartenance à une équipe Relation avec mes clients Relation avec mon manager Ambiance	Comprendre : les interactions les autres cultures l'organsation matricielle les projets	L'entreprise La société Le bien Le bonheur L'avenir au-delà de ma sphère de compétence

Le corollaire de la motivation, c'est bien sûr la démotivation. En quelques mots, la démotivation est la remise en cause par des événements divers de ses critères de motivation. C'est une rupture du lien entre ce qui me motive et ce que je fais. Plusieurs causes peuvent justifier la démotivation : des causes organisationnelles (changement d'organisation, fusion, nouveau manager), des causes techniques (nouveau produit, arrêt d'un projet intéressant) ou des causes managériales (attitude de votre manager, remarques, incompréhension ou, tout simplement, conflit de zone de motivation entre vous et votre manager). Une des conséquences de la démotivation est aussi la réduction du champ de vision dont nous avons parlé précédemment.

Point important : alors que la motivation est un facteur personnel, la démotivation peut être provoquée par de nombreuses sources extérieures, et donc est un facteur lié également à l'environnement et au contexte. Par exemple, un manager a un impact indirect sur la motivation (il ne motive pas mais crée un environnement permettant aux critères de motivation individuelle de s'exprimer), mais il a un impact direct sur la démotivation. En une phrase ou une attitude il peut démotiver et faire régresser une personne, ce qui correspond à un rétrécissement de sa zone d'intérêt et d'engagement, tel que le montre le schéma suivant.

Attention à la démotivation

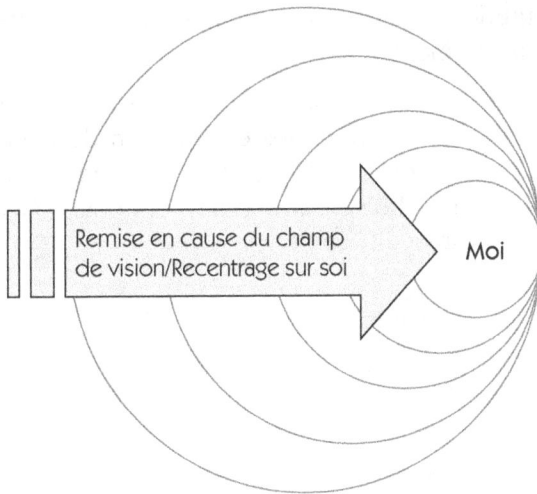

Remise en cause du champ de vision/Recentrage sur soi

Moi

Acceptez l'incertitude et le changement

Nous avons défini l'incertitude dans la première partie. Essayons à présent de voir comment y faire face et comment l'utiliser pour progresser. La meilleure façon de procéder est tout d'abord d'analyser les conséquences réelles de l'incertitude sur vous, puis de vous constituer un point de référence qui servira de base pour vous ressourcer et saisir les opportunités qui se présenteront.

Analysez les conséquences

« On mesure l'intelligence d'un individu à la quantité d'incertitudes qu'il est capable de supporter. »

Emmanuel Kant

La première question est de savoir en quoi le changement ou l'incertitude vous touche.

Il y a quelque temps je me suis retrouvé face à de nombreux managers de notre entreprise dans un contexte particulier : durant de nombreux mois, l'entreprise avait été mise sur le marché pour un rachat potentiel et ce rachat ne s'était pas produit. Cette situation avait créé de nombreuses inquiétudes sur la pérennité de la société, et donc avait été génératrice d'incertitude, alors même que pour de nombreuses personnes cette incertitude n'avait pas eu d'impact sur leur travail quotidien – qui restait rigoureusement le même.

C'est à ce moment que nous avons réfléchi sur le schéma ci-dessous qui identifie quatre situations différentes en fonction de l'impact perçu par chacun de l'incertitude ou du changement sur son travail et ses émotions. Il est possible de choisir entre quatre options, chacune contenant une stratégie de réponse différente.

Faire face à l'incertitude

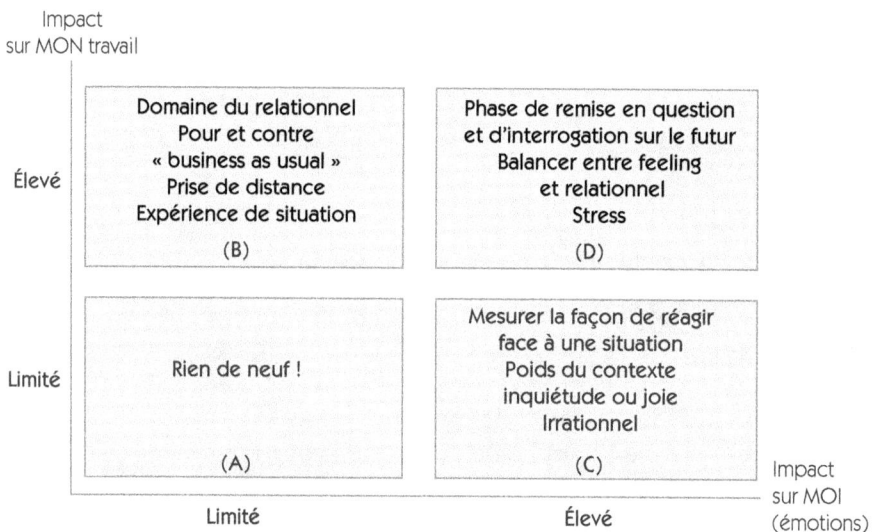

Impact
sur MON travail

	Limité	Élevé
Élevé	Domaine du relationnel Pour et contre « business as usual » Prise de distance Expérience de situation (B)	Phase de remise en question et d'interrogation sur le futur Balancer entre feeling et relationnel Stress (D)
Limité	Rien de neuf ! (A)	Mesurer la façon de réagir face à une situation Poids du contexte inquiétude ou joie Irrationnel (C)

Impact
sur MOI
(émotions)

Ce schéma reprend plusieurs scénarios en fonction de l'impact que le changement peut avoir sur vous et/ou sur votre travail. L'impact sur soi se définit par une conséquence sur les émotions (par exemple, le stress, l'inquiétude, la tristesse, la joie ou l'espoir). L'impact sur le travail est lui du domaine du factuel (par exemple, le changement d'environnement, de méthode de travail, de système informatique) :

- Dans le premier cas (A), même s'il y a changement, l'impact sera limité tant sur le travail que sur la personne. Donc la situation reste doublement stable ;

- Dans le deuxième cas (B), il y a un fort impact sur le travail, mais les émotions ne sont pas concernées. Il s'agit d'un changement « froid », qui demande une analyse de situation restant du domaine du factuel. La question à se poser est la suivante : « Que m'apporte ce changement de mon travail ? Ai-je un intérêt personnel dans ce changement ? » Cette situation provoque également des opportunités qui sont principalement des opportunités d'apprentissage ;

* Pour le troisième cas (C), l'impact est principalement émotionnel. Le cadre du travail ne change pas mais le changement agit sur les émotions : je suis triste, j'ai peur ou j'ai de l'espoir. Dans ce cas, il faut stabiliser ses émotions et ne pas décider ou agir dans l'urgence. L'importance du point de référence est dans ce cas fondamental. C'est ce que nous verrons dans le point suivant ;

* Le dernier cas (D) est le plus complexe car il cumule les deux impacts. Cette situation est celle qui provoque le plus de remise en cause, à la fois personnelle et professionnelle. C'est potentiellement celle qui crée le plus de risques et d'opportunités.

Consolidez votre base : le point de référence

Face à ces exigences, le premier travail à réaliser est de trouver un point fixe qui puisse éviter le « mal du changement ». Imaginez-vous sur un bateau en pleine tempête, les vagues sont nombreuses et fortes ; le bateau tangue. Dans ce cas, la seule façon d'éviter le mal de mer est de trouver un point à l'horizon et de le fixer.

Chercher son point d'appui et de référence

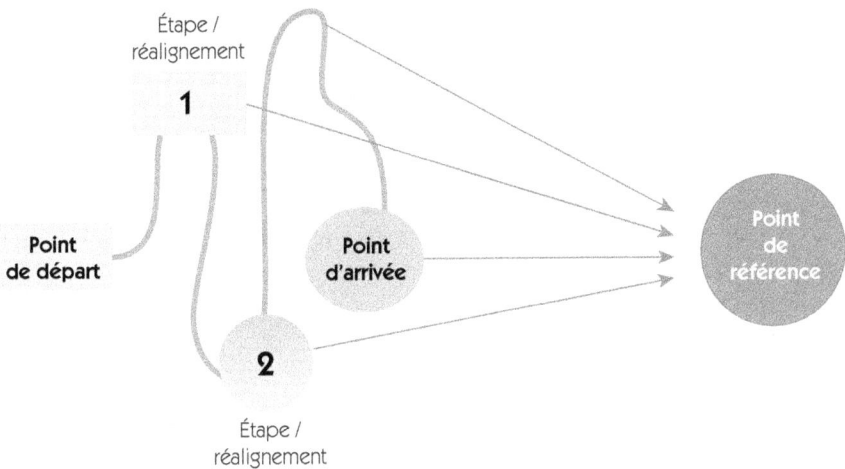

Étape /
réalignement

1

Point
de départ

Point
d'arrivée

Point
de
référence

2

Étape /
réalignement

Dans le cadre du changement, il en est de même. Il faut stabiliser le mouvement par l'acquisition d'un point de référence. Ceci sera d'autant plus important que le changement sera impliquant, comme dans les différents cas évoqués précédemment.

Comment définir votre point de référence ? C'est au demeurant assez simple : un point de référence rassemble les points de certitude immuables que vous avez acquis ou développés au cours des années. Il s'agit de :

- Vos valeurs (ce que vous croyez, vos règles et vos limites) ;
- Vos réalisations (ce que vous avez fait de bien, assorti de preuves et de faits concrets) ;
- Votre zone de confort ;
- Votre vision ou projet personnel (ce que vous voulez faire, qui vous voulez devenir).

Identifier et développer son point d'appui et de référence

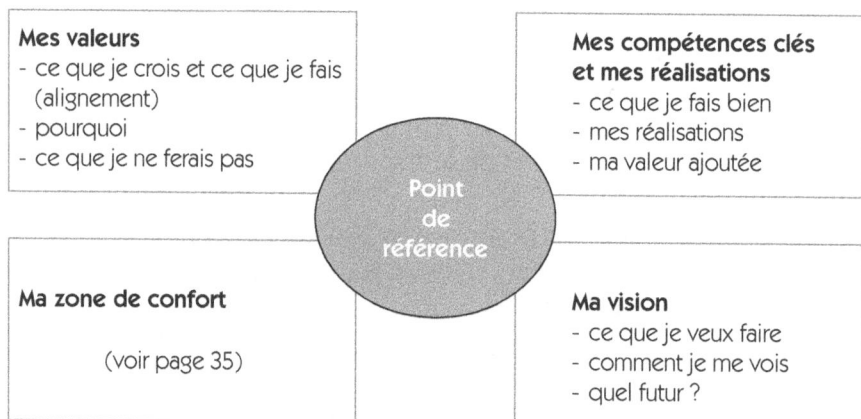

Mes valeurs
- ce que je crois et ce que je fais (alignement)
- pourquoi
- ce que je ne ferais pas

Mes compétences clés et mes réalisations
- ce que je fais bien
- mes réalisations
- ma valeur ajoutée

Point de référence

Ma zone de confort

(voir page 35)

Ma vision
- ce que je veux faire
- comment je me vois
- quel futur ?

L'important est de formaliser cette réflexion et d'en garder une trace qui servira justement de référence quand des problèmes surgiront. Il s'agit d'un pense-bête qui permet de visualiser ce qui est important et de faire des choix basés sur de réelles priorités et pas uniquement sur des urgences.

Le point de référence est *a priori* constitué d'éléments stables, en tout cas moins sujets au changement que d'autres. Il se renforce aussi au fur et à mesure de l'expérience acquise et des réalisations. Ce petit outil permet de se préparer aux difficultés futures. Car c'est un outil qui sera principalement utile en cas de remise en cause, de changements profonds ou de forts moments de stress et de pression. C'est donc un moyen d'anticipation et de prévention. Il aide à se refocaliser dans des périodes de tension ou tout devient important, urgent et indispensable.

C'est finalement un outil d'autosatisfaction qui liste les réalisations et les succès. Il est le bienvenu dans des périodes de doute, où toute remise en cause débouche immanquablement sur le constat : « Je suis nul ! » Le point de référence est une arme anti-sentiment de nullité qui aide à renforcer sa confiance en soi, et évite aussi de croire aux fausses promesses et aux miroirs aux alouettes.

Saisissez les opportunités

> *« Un pessimiste voit la difficulté dans chaque opportunité,*
> *un optimiste voit l'opportunité dans chaque difficulté. »*
>
> Winston Churchill

L'incertitude actuelle est aussi créatrice d'opportunités, qui se développent à condition de les saisir. En effet, les changements sont désormais à la fois plus nombreux et plus amples. Il n'y a donc pas que des aspects négatifs dans l'incertitude, il y a aussi des promesses de réussites qui ne demandent qu'à être saisies. Le succès ne viendra en revanche qu'à la condition de préparation et de travail.

Essayons de voir de plus près les espoirs de développement qui peuvent être engendrés par certaines situations initialement porteuses de stress et d'anxiété. Les opportunités peuvent être classées en deux catégories :

* Les opportunités liées à des changements organisationnels. Elles sont principalement générées par des évolutions dans l'organisation de l'entreprise. Les plus connues sont les fusions-acquisitions, les délocalisations, mais aussi toutes les petites réorganisations décidées quasi quotidiennement par les entreprises, et qui créent de nouveaux postes, rôles ou projets ;

* Les opportunités liées à des changements individuels. Dans ce cas, l'initiateur de l'opportunité n'est pas l'entreprise mais l'individu qui de par sa capacité de prise de risque ou d'innovation fera évoluer son rôle, ou son champ de responsabilité. Il proposera ou initiera des changements. Il s'agit alors de se poser d'abord la question de savoir si la situation rencontrée est génératrice d'opportunités. Pour ce faire,

voici une façon de cartographier les opportunités potentielles. Il s'agit d'identifier dans lequel des quatre scénarios mentionnés ci-dessous vous vous situez :

- Le premier (A) correspond à des opportunités faibles, à la fois du côté organisationnel et individuel. Il s'agit d'une organisation stable, voire figée, non créatrice de développement potentiel. Dans ce cas, la question est de savoir s'il faut rester et profiter d'un certain confort, ou partir à la recherche de nouveaux challenges ;

- Le deuxième (B) cas est associé à des opportunités liées à des changements organisationnels mais qui n'ont pas d'impact au niveau individuel. C'est donc un changement qui ne vous touche pas directement ou, s'il vous touche, qui ne génère pas de possibilités de développement. Il convient alors de se poser la question du pourquoi (par exemple, « pourquoi ne suis-je pas concerné, ou associé ? »). Les réponses peuvent être variées (allant de « je suis encore trop jeune dans l'organi-sation », jusqu'à « je n'ai pas les compétences requises pour saisir cette opportunité » ou bien « je n'ai pas assez bien fait mon marketing interne ! ») ;

- Les troisième (C) et quatrième (D) cas sont porteurs d'espoir car associés à des changements individuels forts. Ils peuvent être générés par l'organisation ou rester au niveau individuel, mais ils existent de toute façon. Il faut alors les saisir !

Analyser les impacts du changement et saisir les opportunités

Changements organisationnels

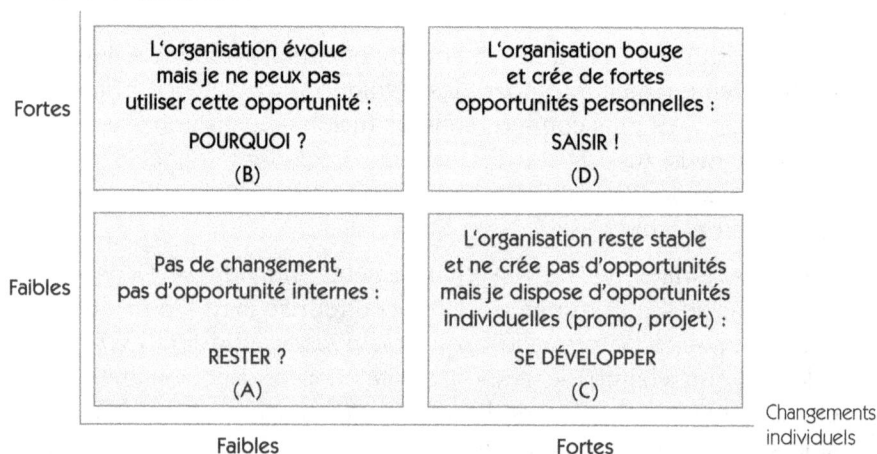

	Faibles	Fortes
Fortes	L'organisation évolue mais je ne peux pas utiliser cette opportunité : POURQUOI ? (B)	L'organisation bouge et crée de fortes opportunités personnelles : SAISIR ! (D)
Faibles	Pas de changement, pas d'opportunité internes : RESTER ? (A)	L'organisation reste stable et ne crée pas d'opportunités mais je dispose d'opportunités individuelles (promo, projet) : SE DÉVELOPPER (C)

Changements individuels

Étendez votre zone d'autonomie

L'incertitude liée à des problématiques d'organisation a souvent un autre effet. Elle crée des opportunités en matière de prise d'autonomie. En effet, dans un environnement stable, l'autonomie est parfois bridée par le management, les règles et systèmes de contrôle, ou tout simplement par l'habitude et le confort pris dans le poste. Lorsque l'on entre dans une phase d'incertitude, certaines de ces barrières disparaissent, pouvant laisser libre court à de nouvelles initiatives. C'est ce que représente le schéma ci-dessous.

Construire sa zone d'autonomie dans un contexte instable

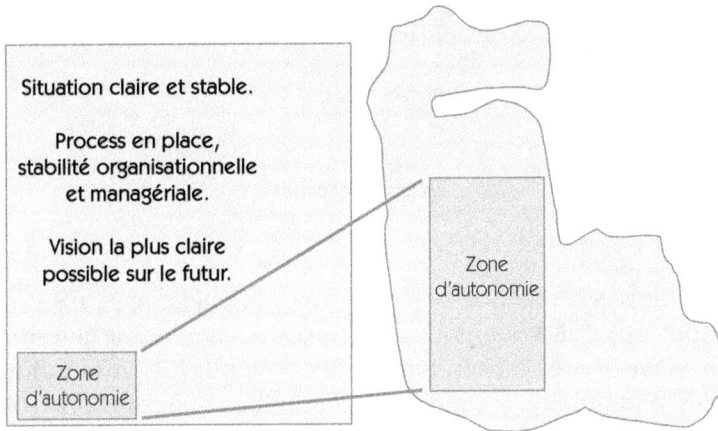

Situation claire et stable.

Process en place, stabilité organisationnelle et managériale.

Vision la plus claire possible sur le futur.

Zone d'autonomie

Zone d'autonomie

Les phases de changements peuvent avoir un effet d'accélérateur sur votre parcours professionnel, car dans un tel contexte, il y a ceux qui avancent et ceux qui se mettent à l'abri et attendent. Et pourtant la prise d'initiative peut s'avérer porteuse d'avenir. Par exemple, c'est un moyen de renforcer votre leadership sur votre équipe ou d'agrandir votre zone d'autonomie par rapport à votre manager.

C'est ce que montre le schéma suivant, où la zone d'autonomie, qui est à l'origine comprimée par les exigences du manager et celles de l'équipe, peut – graduellement – s'étendre en reprenant de l'espace sur la zone d'intervention du manager, celle de l'équipe, ou les deux. Ceci est d'autant plus vrai en situation d'incertitude et dans le cas où le manager n'est pas ou plus en situation de communiquer ou de prendre ses responsabilités d'acteur de changement.

Étendre sa zone d'autonomie

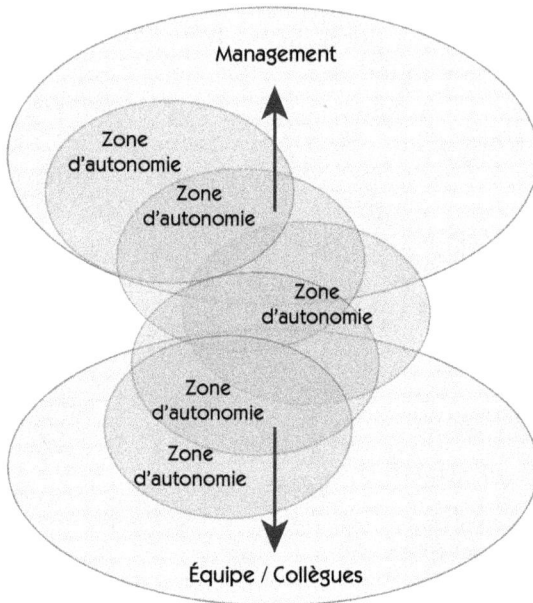

Le succès ne passe pas que par de nouveaux challenges, c'est aussi un état d'esprit qui doit vous pousser à toujours chercher à faire mieux ce que vous devez faire. L'incertitude engendre pour les plus enthousiastes et les plus préparés de formidables possibilités d'innovation. Toutes ne seront pas porteuses de succès, mais votre implication sera forcément un élément de différentiation important, et aussi un facteur de renforcement des compétences.

Déterminez votre plan de progression personnelle

« *Une vision sans action n'est qu'une hallucination.* »
Michael Kami (expert américain en stratégie)

Rien n'est pire que de naviguer sans but. Selon moi, un parcours professionnel permet d'être en accord avec soi-même en associant à son projet de vie les moyens et les ressources indispensables à l'atteinte de ses objectifs.

Partez à la découverte de vous-même   51

La réussite est donc une forme de cohérence et d'équilibre. Une cohérence entre une situation et une vision, ou entre une réalité et un projet. C'est aussi un équilibre entre des joies et des contraintes, des moments d'action et des moments de repos. Pour parvenir à cet équilibre, il vous faut passer par plusieurs figures imposées :

- Définissez votre vision, votre projet ;
- Trouvez un point de référence, de sécurité et de stabilité ;
- Engagez les premières actions ;
- Évaluez constamment vos progrès – en rapport avec votre vision ;
- Éventuellement, corrigez votre projet pour qu'il soit toujours en phase avec vos aspirations.

Qu'est-ce que le plan de progression personnelle ?

Il s'agit d'un plan d'action qui permet de relier une situation actuelle à un objectif ou une vision personnelle, et de définir les étapes pour y parvenir. C'est ce que représente le schéma suivant :

Construire son plan de progression personnelle

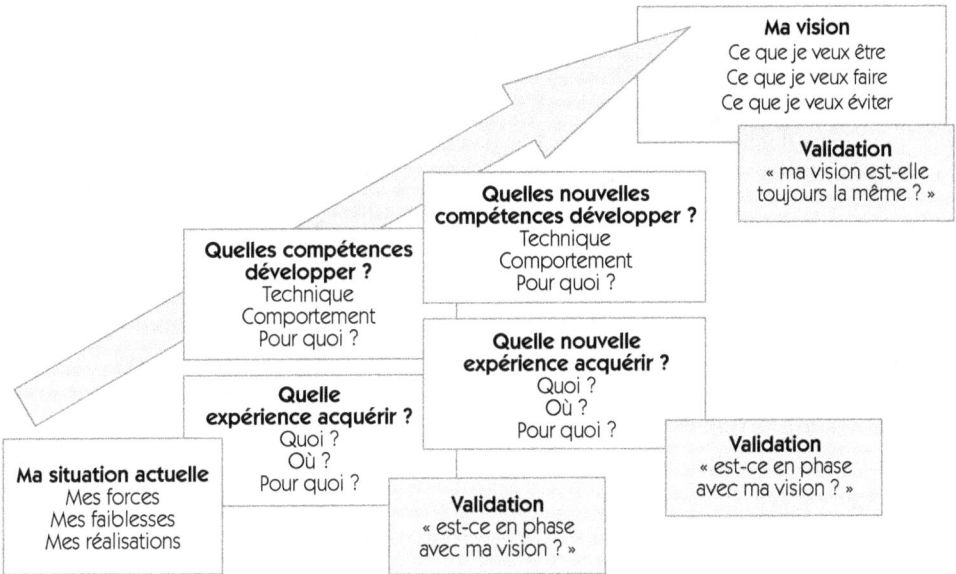

© Groupe Eyrolles

Comment établir votre plan de progression personnelle ?

Plusieurs étapes sont nécessaires : l'établissement de la vision ou la détermination de son objectif ; l'analyse de la situation courante et la mise en place des étapes.

La vision

Établir la vision est un exercice simple en apparence. Il suffit de répondre à la question : « Qu'est-ce que je veux ? » Et, en étant plus précis :

- Qu'est-ce que je veux être (valeur, reconnaissance, image…) ?
- Qu'est-ce que je veux faire (actions, réalisations, domaines…) ?
- Qu'est-ce que je veux éviter (règles, dangers, comportements…) ?

La vision détermine donc ce que vous voulez faire ou atteindre (travailler dans une petite entreprise, dans ma région, ou bien travailler dans le domaine de l'horlogerie en Suisse) et ne pas faire (devoir déménager, travailler dans l'industrie agroalimentaire…). C'est aussi une composante de votre point de référence (voir p. 43). Elle peut cependant être revue régulièrement en fonction de l'évolution de votre situation personnelle, professionnelle ou de vos motivations. Sa remise en cause, ou sa modification, aura pour conséquence de redéfinir les étapes.

La situation actuelle

La construction du projet personnel passe ensuite par une analyse objective de la situation actuelle. Objective, c'est-à-dire ni trop dure ni trop complaisante. La façon d'y parvenir est de lister des faits, des réalités tangibles, des actions concrètes. Vos deux principaux alliés seront une feuille de papier et un stylo… et du temps.

D'abord, il vous faudra lister vos forces et vos faiblesses. L'étape suivante consistera à identifier ce qui vous plaît, à savoir vos domaines de prédilection, vos domaines d'intérêt et vos préférences (par exemple, le fait de faire plusieurs choses variées, de travailler en anglais, d'être au contact des clients, de travailler sur ordinateur…). Le tableau ci-contre permet de mener cette réflexion. Il permet d'identifier cinq aspects de votre situation actuelle :

- **Ce que vous aimez faire et que vous réussissez.** Cette partie viendra s'ajouter à vos forces. Il est important d'associer les réalisations et la dimension émotionnelle de ce que vous aimez faire. La préférence n'est pas un gage de succès ou de compétence, mais c'est certainement un facteur d'aide à la motivation, un indicateur de plénitude et une base solide à intégrer dans vos références ;

Analyse de la situation

Ma situation actuelle	
Ce que j'aime faire, ce que je réussis et les compétences que je renforce ou développe	Ce que je n'aime pas faire
Ce que j'y apprends sur moi	Ce qui me manque
En quoi ce poste m'aide-t-il pour me développer dans le futur ? Ce poste confirme-t-il ma vision ? Ouvre-t-il d'autres perspectives ? (si oui, lesquelles ?)	

- **Ce que vous n'aimez pas faire**. Autant vous poser cette question et surtout voir si cet aspect reste en dessous des points positifs listés précédemment. Aucune fonction n'apporte satisfaction à 100 %, par contre un équilibre est au minimum souhaitable ;

- **Ce qui vous manque**. De quoi avez-vous besoin pour réussir dans cette fonction ? Quelles sont les compétences, expériences, réseaux qui vous manquent actuellement pour parvenir à vos objectifs et, bien sûr, comment combler cette lacune ? ;

- **Ce que vous apprenez sur vous-même**. C'est probablement la question la plus complexe car elle demande une forte capacité d'introspection et de recul. Il s'agit pourtant d'un point essentiel pour construire un parcours gagnant. Vous poser cette question vous permet de vous regarder dans le miroir et de réfléchir à vos modes d'apprentissage ou de développement ;

- **Le dernier point permet de valider les options choisies** en vous posant la question de savoir si le poste actuel vous aidera à vous développer dans le futur, ou s'il vous a permis d'ouvrir de nouvelles perspectives inconnues jusqu'alors. Dans ce cas, il faudra revoir et réaligner votre projet personnel en y intégrant cette nouvelle dimension.

Les étapes de progression

À partir du moment où votre situation actuelle et votre vision sont clairement identifiées, vous disposez du point de départ et de l'objectif. Il convient alors de définir les étapes qui seront nécessaires pour vous rapprocher le plus possible de votre vision tout en prenant en compte la réalité de l'environnement dans lequel vous évoluerez.

Mon plan de progression personnelle

Situation actuelle		Ma vision
Mes forces	En quoi ces forces peuvent-elles m'aider ? Comment les renforcer ?	**Ce que je veux faire**
	Qu'est ce qui me manque ?	
Mes faiblesses	Comment acquérir ce qui me manque ?	
	En quoi mes faiblesses peuvent-elles me gêner ?	
	Comment limiter mes points faibles ?	
Ce qui me plait		**Ce que je ne veux pas faire**
◀ maintenant ──────────────────── X années ▶		

Le plan de progression personnelle présenté ci-dessus est un outil dynamique qui vous permet de visualiser les points à prendre en compte. Il peut et doit se construire au fur et à mesure. C'est également un excellent moyen de faire le point, de vous arrêter sur vos réalisations, et éventuellement de réajuster vos actions. Les jalons à mettre en place sont les suivants :

- **Quelles compétences développer ?** Cette question peut aussi bien trouver sa réponse dans le développement de compétences déjà existantes que dans l'acquisition de nouvelles compétences. Dans ce cas, il faut également identifier les expériences à acquérir pour rendre ces compétences réelles et effectives. Une formation ne donnera qu'un certain degré de connaissance, parfois un peu de pratique, mais quasiment jamais de la compétence ;

- **Quelles expériences acquérir ?** Que dois-je faire pour me développer dans la direction souhaitée ? Quel type de responsabilités, de travail, de projet ou d'outils ? Au même titre que pour les compétences, il faut identifier des actions d'une certaine durée, seules à même de vous aider à construire votre projet. Participez – pendant deux sessions d'une heure – à un groupe de travail sur la mise en place d'un nouvel outil informatique n'est pas une expérience valide. Par contre, diriger un groupe de projet pendant 6 mois sur le lancement d'un nouveau produit devient une expérience intéressante ;

- **En quoi les compétences/expériences acquises sont en phase avec votre vision**, ou servent-elles à atteindre votre projet ? Il s'agit là de faire un état des lieux régulier de votre développement. C'est un moment de bilan permettant de répondre simplement à la question : « Suis-je en phase ? » Mais aussi, d'une manière plus qualitative : « Suis-je dans les temps et quelles actions correctrices faut-il éventuellement mettre en œuvre ? »

À partir de là, il vous faudra réaliser la connexion entre présent et futur afin de déterminer un plan d'action. Ces connexions portent sur les forces et les faiblesses :

- En quoi vos forces peuvent-elles vous aider ?

- Qu'est-ce qui vous manque pour atteindre votre objectif (par exemple, votre objectif est de travailler hors de France mais vous n'êtes pas bilingue ou trilingue) ? À partir de là, identifiez les différents moyens d'acquérir ce qui vous manque, *via* la pratique ou la formation, *via* de nouvelles expériences professionnelles ou *via* de nouvelles opportunités dans votre poste actuel ;

- En matière de faiblesse, il faut voir en quoi celles-ci peuvent constituer un facteur bloquant (je ne peux pas arriver à mon objectif à cause de…). Par la suite, il y a deux moyens de faire face : soit en contournant le problème, soit en s'y attelant. La seconde option – la stratégie du balancier – doit vous amener à travailler vos points faibles afin de les limiter et d'atteindre un niveau acceptable, qui ne soit plus vous bloquer dans le futur.

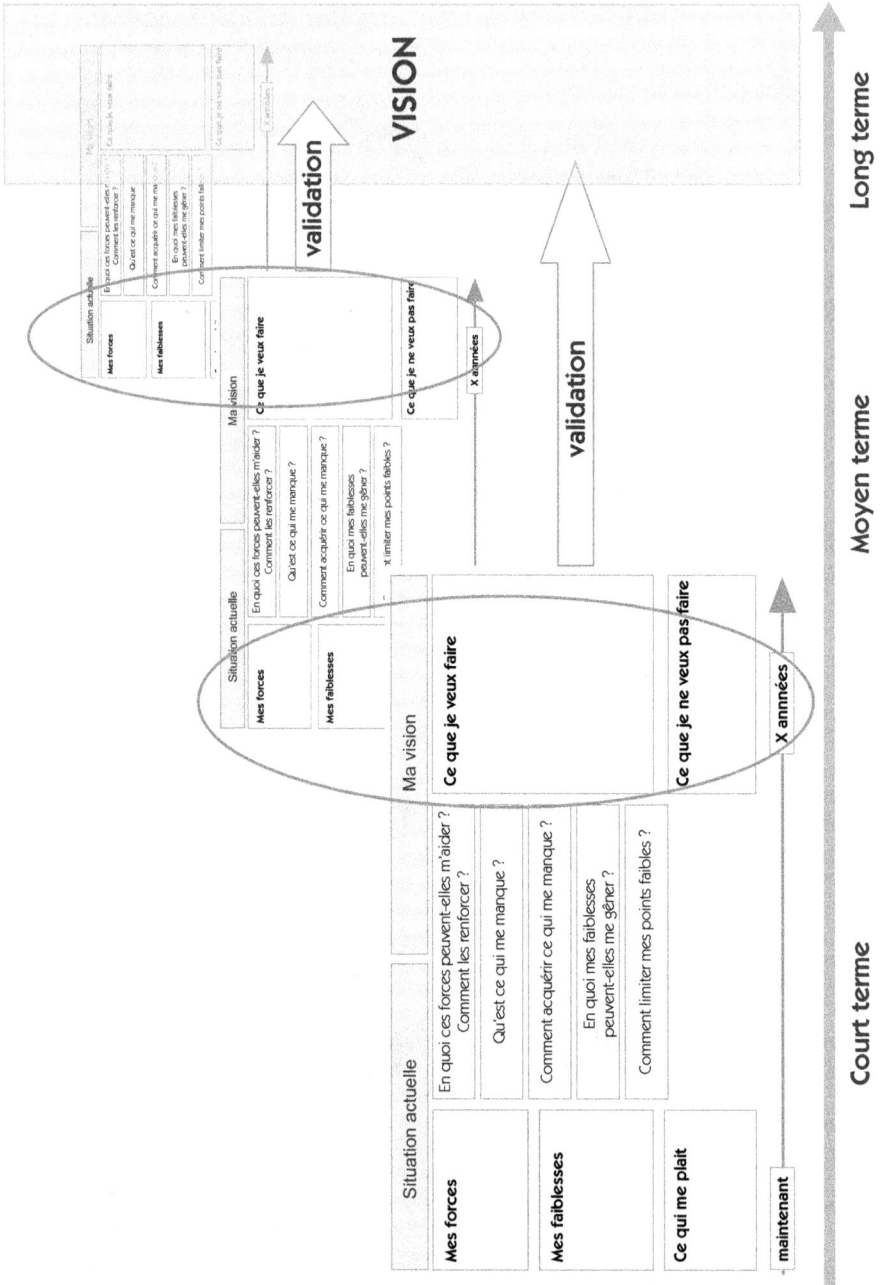

VISION

validation

validation

Court terme   **Moyen terme**   **Long terme**

Situation actuelle

Mes forces — En quoi ces forces peuvent-elles m'aider ? / Comment les renforcer ?

Qu'est ce qui me manque ?

Comment acquérir ce qui me manque ?

Mes faiblesses — En quoi mes faiblesses peuvent-elles me gêner ?

Comment limiter mes points faibles ?

Ce qui me plait

Ma vision — Ce que je veux faire

Ce que je ne veux pas faire

maintenant

X années

Cette option consiste donc à trouver des moyens de contourner les points faibles en mettant en action ses forces actuelles ou futures.

Il faut cependant noter que ce processus est – et doit rester – dynamique. Il ne s'agit pas de figer votre vision, mais d'y réfléchir régulièrement et de valider aussi régulièrement son bien-fondé et sa pertinence. Vous pouvez combiner les plans de progression en fonction de l'échelle de temps à laquelle ils se réfèrent (plan sur 2, 3 ou 5 ans…). Le plan de progression doit rester concret et « visible » dans le temps. Il couvre souvent une période de 2 à 4 ans. L'enchaînement des plans de progression permet cependant de construire une vision à plus long terme.

C'est ce que figure le schéma ci-contre. Les cercles représentent les points d'atteinte des objectifs, où un premier niveau du projet personnel est atteint et se transforme en situation actuelle, permettant ainsi de redéfinir les prochaines étapes. La vision globale reste cependant présente et fait l'objet de validation et d'adaptation constante.

Préparez l'étape suivante

Dans la suite logique du précédent, le tableau ci-dessous reprend, en le résumant, un bilan qualitatif de votre poste actuel (réussites, ce qui n'a pas marché et ce que vous avez appris) et met en perspective les objectifs du prochain poste (ce que vous voulez faire, ce que vous devez apprendre et ce que ce poste doit apporter à votre projet/votre vision).

La prochaine étape

Ma situation actuelle	Mon prochain poste
Ce que j'ai réussi et pourquoi ?	Ce que je veux faire
Ce qui n'a pas marché et pourquoi ?	Ce que je dois apprendre et renforcer
Ce que j'ai appris	Ce que ce poste doit apporter à ma vision ?

Trouvez des ressources et des appuis

Pour mettre en œuvre des actions, il faut des ressources et des appuis :

- Le « premier cercle » (famille, amis) constitue un point de départ et aussi un point de repli ;
- Votre réseau (*cf.* l'étape 6) est un élément fondamental d'acquisition d'information et d'observation ;
- Une idée claire de qui vous êtes (forces, faiblesses, aspirations et potentiels) permet de définir votre zone de confort et aussi votre zone de prise de risque (vos bases) ;
- Des points de replis et de décompression permettent de vous ressourcer, de vous évader, de vous recentrer ou de vous replier (loisirs, famille, hobbies…) ;
- Votre engagement personnel (temps, énergie, voire argent) pour votre développement est essentiel. Le retour sur investissement sera probablement aussi élevé – voire bien plus – qu'un bon placement à la Caisse d'Épargne !

Le tableau ci-contre reprend ces éléments et définit ce qu'est ou pourrait être votre camp de base, point de départ de votre parcours professionnel mais aussi base de repli ou de repos.

Une fois que ces idées seront claires, vous passerez à la deuxième étape : la structuration. Et qui dit structuration dit façon dont vous allez utiliser cette matière pour construire une démarche active de développement et de pilotage de carrière. C'est tout simplement une démarche de marketing !

Ma base

MON projet :

(description, quoi ?, quand ?, forces et faiblesses, recherche)

MES points de repli et de décompression :

(description, quoi ?, ce que ça m'apporte, ce que je voudrais faire en plus)

MON réseau :

(description, qui ?, type de relations, forces et faiblesses, développements futurs)

MON premier cercle :

(description, qui ?, type de relations, forces et faiblesses, aspirations)

Étape 3

Apprenez à vous vendre

Ou comment entreprendre
une démarche de marketing individuel

« Une des clés du succès est la confiance en soi.
Une des clés de la confiance en soi est la préparation. »

Arthur Ashe (tennisman)

Une fois que vous disposez d'une vision claire, d'un plan de progression personnelle et d'une connaissance accrue de l'environnement dans lequel vous évoluez, il vous faut passer à l'étape suivante qui consiste à vous vendre et à vous confronter avec la réalité de l'environnement.

Autant commencer par un mot qui fâche : nous sommes toutes et tous assimilables à des produits. Ou, du moins, nous devons apprendre à nous définir comme tels. Bien sûr, nous sommes toutes et tous des êtres humains. Mais l'environnement actuel voit aussi en nous des produits marketables, transférables et parfois reconditionnables. Dur constat pour une « vraie » réalité ! Mais pouvons-nous sortir de ce schéma ? Je le pense et je l'espère. Pouvons-nous en sortir maintenant ? Non. Alors, que faire ? Essayons de trouver la voie et d'exploiter au mieux cette situation.

Pour cela commençons à nous poser la question de savoir ce qui caractérise un produit. Un produit ou un service se définit par plusieurs éléments :

- **Des caractéristiques**, à savoir ce qui le compose et le définit ;
- **Des avantages**, à savoir ce qu'il peut apporter par rapport à des besoins identifiés par le client ;
- **Un prix**, qui représente le coût d'acquisition ;

- **Une marque/une image**, à savoir ce qu'il véhicule en terme de visibilité, ou d'expression de son identité.

Sommes-nous si différents lorsque nous postulons pour un emploi ou lorsque nous cherchons à nous développer dans une entreprise ? Probablement que non : nous avons toutes et tous des caractéristiques (diplômes, expériences, réalisations, hobbies…) qui peuvent se traduire en avantage pour tel ou tel recruteur ou employeur potentiel, et, si la chance est au rendez-vous, nous serons amenés à parler de salaire, de conditions d'emploi ou d'avantages. À y regarder de plus près, il semble que cette partie de la discussion soit fortement assimilable à une négociation sur les prix. Et finalement, au fil des années, nous construisons notre propre image, faite de réalisations, de faits, mais aussi d'*a priori* – positifs ou négatifs –, de style et de culture. La compétition existe également et nous pousse à chercher à nous différencier, à mieux cibler notre marché potentiel (quelle entreprise peut être intéressée par moi, et réciproquement) et à voir comment nous différencier par rapport à nos – nombreux – concurrents. Tous ces éléments mis les uns à côté des autres constituent tout simplement une démarche marketing.

En matière de développement, il est désormais indispensable de mettre en place votre démarche de marketing individuel. Cette démarche se décompose en plusieurs phases :

- **La différentiation**, ou comment vous rendre unique ;
- **Le ciblage**, ou comment améliorer vos chances de succès ;
- **L'analyse de la valeur**, ou comment connaître et définir votre « prix » ;
- **La mise en cohérence de son image**, ou comment optimiser son CV ;
- **La préparation à la négociation** *via* l'analyse des rapports des forces en présence.

Rendez-vous unique

Le challenge est important. Dans une époque où l'accès à la compétence est de plus en plus global, votre capacité à vous différencier est un des critères de réussite les plus importants. « En quoi suis-je différent ? » Cette démarche vous permet à la fois de construire un argumentaire cohérent, d'y associer des exigences/demandes et de segmenter votre approche du marché en ciblant des entreprises potentiellement intéressées par votre profil. Pour cela il faut procéder en plusieurs étapes.

Identifiez vos caractéristiques

Les caractéristiques sont des éléments factuels, précis et prouvés, non associés à un contexte, et qui contribuent à définir un produit ou un service (par exemple, la vitesse, la taille, le poids, la durée, un espace de rangement...). Dans notre cas, elles peuvent regrouper :

- **Ce que vous êtes** : votre parcours, votre éducation (initiale et continue), vos expériences et vos activités extraprofessionnelles ;
- **Ce que vous aimez faire.** C'est le domaine des préférences qui permettent de définir la façon dont vous réagissez naturellement dans telle ou telle situation ;
- **Ce que vous n'aimez pas faire** ;
- **Votre zone de performance**, à savoir les domaines dans lesquels vous apportez une forte contribution et où vous pouvez utiliser de manière optimale vos compétences. L'analyse de ces faits doit être basée sur des réalisations concrètes, prouvées et, autant que faire se peut, durables ;
- **Votre zone de non-performance**, là où vous n'apportez pas ou pas plus de valeur ajoutée et/ou vous n'êtes pas en phase avec vos règles.

Les caractéristiques sont nombreuses. Elles servent de point de départ à la démarche de différenciation. Il s'agit donc de dresser une liste la plus exhaustive possible et – à partir de cette liste – de réaliser différentes sélections et modifications.

Acceptez-vous

Le travail de réflexion à mener doit être aussi précis et sans concession que possible. Il suppose donc une forte capacité à vous distancier par rapport à vous-même et à accepter les conclusions de cette analyse. Car la démarche de différentiation peu contenir certains risques. Une différence très fortement marquée est source d'intérêt mais aussi de limitations qui découlent d'une expertise très marquée ou d'une très forte cohérence.

Une image de marque très forte crée, comme dans tous les domaines, des *a priori*. Que le nom de Louis Vuitton ou de McDonald's soit cité et, même sans jamais vous être rendu dans un de ces endroits ou avoir acheté un de leurs produits, vous aurez forcément une idée préalable de ce qu'ils sont au travers de leur image, de leur nom, de leurs caractéristiques ou des informations obtenues par le réseau. Il en est de même pour une personne. C'est pour cette raison qu'il vous faut être en accord avec vous-même, accepter vos forces mais aussi vos faiblesses, et construire une image fiable et non détournée ou exagérée. C'est tout l'art du marketing : rendre intéressant sans mentir.

Une autre forme d'acceptation de soi vient de l'alignement entre vos possibilités et votre vision. Il est extrêmement dangereux de vous sous-estimer, presque aussi dangereux que de vous surestimer. Le premier excès bloque les initiatives, le second crée l'échec et la frustration. Afin de disposer d'une image la plus claire possible – et d'en favoriser l'acceptation –, je vous propose le tableau suivant. Il prend en compte les possibilités (je peux) et la volonté (je veux) et identifie quatre scénarios :

Aligner vos possibilités et votre vision

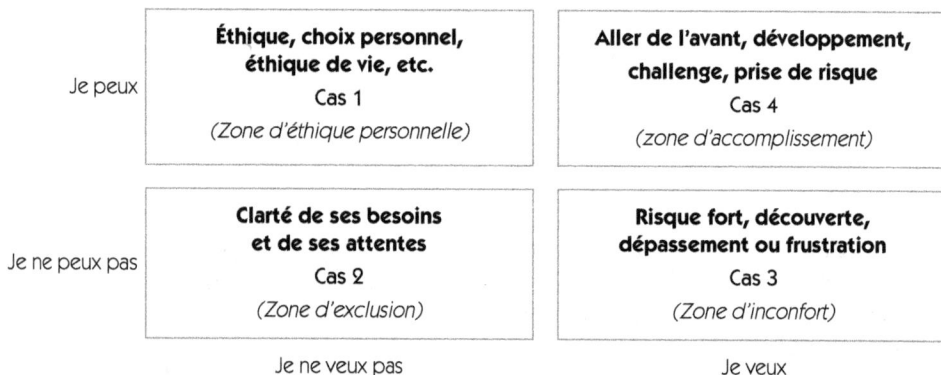

	Je ne veux pas	Je veux
Je peux	**Éthique, choix personnel, éthique de vie, etc.** Cas 1 *(Zone d'éthique personnelle)*	**Aller de l'avant, développement, challenge, prise de risque** Cas 4 *(zone d'accomplissement)*
Je ne peux pas	**Clarté de ses besoins et de ses attentes** Cas 2 *(Zone d'exclusion)*	**Risque fort, découverte, dépassement ou frustration** Cas 3 *(Zone d'inconfort)*

- **Cas 1 : je peux et je ne veux pas.** Ce choix est dicté par une éthique personnelle. Par exemple, je ne veux pas travailler dans l'industrie X ou Y, alors que j'en ai l'occasion et les capacités ;
- **Cas 2 : je ne peux pas et je ne veux pas.** C'est la zone d'exclusion principale. Je n'ai ni les compétences ni la volonté de m'engager dans ce poste, cette entreprise ou ce projet ;
- **Cas 3 : je souhaite faire quelque chose mais je n'ai pas les compétences requises.** La volonté est donc présente mais pas la possibilité. Il peut aussi s'agir d'opportunités, de contrainte de temps ou de contexte (je voudrais devenir médecin, mais je ne peux pas parce que j'ai 50 ans et cela me prendrait trop de temps). C'est une autre forme d'inconfort, ou de frustration. C'est principalement cette zone qui doit être prise en compte dans le processus d'acceptation ;

- **Cas 4 : la conjonction entre volonté et possibilité**. C'est le domaine de progression, la zone d'accomplissement qui permet l'utilisation optimale des compétences dans un environnement de risques calculés et avec une forte volonté d'accomplissement. C'est la zone à privilégier.

Différenciez-vous

Il y a deux façons de vous différencier : par l'expertise et le savoir, ou par l'expérience et les réalisations.

La différentiation par l'expertise

Dans ce cas, la différenciation prend en compte votre expertise et sa capacité ou non à être substituée ou remplacée par une autre. L'expertise est ici divisée en deux catégories :

- **L'expertise à dominante technique** (par exemple, directeur financier, bio-informaticien, éthicien) ;
- **L'expertise de situation**, qui se caractérise, elle, par une maîtrise d'un environnement, d'une situation (par exemple, vendeur, manager, DRH…).

La substitution signifie que votre expertise peut se trouver facilement ailleurs, et qu'elle n'est donc pas « protégée ». Si elle est non substituable (rare) ou difficilement substituable, vous êtes en position de différentiation. Une expertise est difficilement substituable si :

- Elle n'existe pas en interne et demande une recherche externe coûteuse en argent et en temps ;
- Elle n'existe pas en interne, est difficile à trouver en externe (pénurie de talent) et demande du temps de développement et de formation interne.

Les quatre scénarios suivants permettent de déterminer votre potentiel de différence *via* l'expertise :

- **L'expertise technique difficilement substituable**. Dans ce cas, la différentiation est réelle et basée sur la connaissance ;
- **L'expertise technique substituable**. L'expertise est donc réelle et constitue probablement un élément de performance. Cependant, elle reste facilement interchangeable et ne peut donc pas être assimilée à un réel avantage concurrentiel par rapport à d'autres personnes ;
- **L'expertise de situation difficilement substituable**. La différence vient dans ce cas de la maîtrise de l'environnement ou d'une situation particulière. Par exemple, un directeur financier ne dispose peut-être pas

d'une expertise technique si unique qu'elle ne soit pas interchangeable. Par contre, en période de fusion ou d'acquisition, sa maîtrise de l'environnement de l'entreprise constituera un réel avantage concurrentiel et un facteur de différentiation certain ;

- **L'expertise de situation substituable.** À l'instar de l'expertise technique, il ne s'agit pas d'une situation discriminante. Cependant, l'expertise de situation est plus difficilement substituable que l'expertise technique, car elle fait appel à plus de connaissances de l'entreprise dans son mode de fonctionnement ou sa culture.

L'expertise technique permet plus d'ouverture sur l'extérieur, car elle fait partie d'un langage commun, alors que l'expertise de situation est souvent liée à un événement ou un contexte particulier, voire unique. Son transfert à d'autres situations peut s'avérer difficile.

Expertise technique ou expertise de situation

Expertise technique

L'expertise est un facteur discriminant. Elle constitue un avantage concurrentiel certain de par sa rareté et son adéquation avec le besoin de l'entreprise.	L'expertise est similaire et peu différenciable. Elle constitue un point de validation mais pas un avantage différentiel.
Connaissance et expérience d'un secteur d'activité spécifique et réduit. Il ne s'agit pas d'une expertise technique mais d'une expérience de situations et/ ou de culture qui crée une différence.	L'expérience est substituable. Elle ne constitue pas un facteur différenciant et n'apporte pas une valeur ajoutée significative. Elle fait par contre partie des prérequis.

(Substitution difficile) ··· *(Substituable)*

Expérience de situation

L'autre façon de vous différencier (les deux peuvent d'ailleurs être combinées) passe par la mise en avant de l'expérience.

La différentiation par l'expérience

Il s'agit alors de positionner les actions passées en fonction du degré d'innovation contenu dans les projets et du degré d'implication.

Le degré d'innovation regroupe les critères suivants : innovation technique, nouveaux processus, mise en place de nouvelles règles et, globalement, tout projet impliquant un changement pour l'organisation à laquelle il s'applique.

Le degré d'implication comporte trois niveaux :

- **L'implication en tant qu'acteur** : participation, membre d'une équipe projet, expert impliqué dans le projet ;
- **L'implication en tant que leader** : prise de responsabilité, management d'une équipe, management de l'ensemble des aspects du projet, prise de risque, reporting ;
- **L'implication en tant qu'initiateur**. Vous êtes à l'origine de l'idée ou du projet. Vous pouvez par la suite aussi être le leader du projet (ce qui est le plus souvent le cas).

Ces trois niveaux d'implication sont donc bien différents, allant du moins impliquant (l'acteur) au plus impliquant (l'initiateur). Le croisement des deux dimensions évoquées précédemment donne donc la matrice suivante :

Différenciation

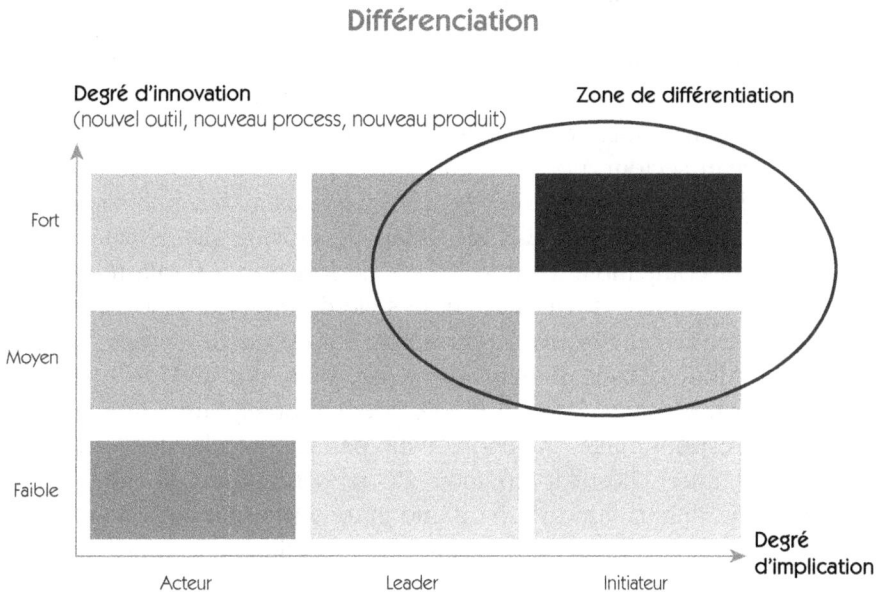

Plus le degré d'implication est fort et associé à un projet innovant, plus la différentiation sera forte. À l'inverse, un acteur engagé dans un projet à faible degré d'innovation aura une capacité à se différencier plutôt réduite.

Nous voici donc à la fin du processus de différentiation. Mais que faire à présent ? Utilisez ces informations, ainsi que d'autres que nous allons étudier rapidement, pour cibler le marché, l'entreprise, le poste ou le projet qui pourrait convenir au mieux à vos compétences et à votre projet, et qui représenterait le plus d'opportunités de développement pour le futur.

Tout n'est pas bon à prendre, ciblez

Pourquoi ?

La démarche de différentiation n'aurait aucun intérêt si elle n'était utilisée dans une perspective de ciblage du marché permettant d'identifier les entreprises qui sont les plus susceptibles d'être intéressées par le « produit » qui vient d'être formalisé.

En effet, toutes les opportunités ne sont pas bonnes à prendre. Et certainement qu'une réflexion préalable peut éviter bien des erreurs. Je me souviens avoir quitté une entreprise où j'étais bien, reconnu et estimé, pour rejoindre un autre groupe, principalement pour des motifs financiers qui, en l'occurrence, représentaient une augmentation de salaire de plus de 45 %. Le choix semblait donc raisonnablement justifié. Et pourtant ! Nouveau secteur, nouvelle entreprise, nouvelle façon de travailler et nouvelle culture d'entreprise. Le choix qui paraissait intelligent s'est rapidement transformé en calvaire. Rien de ce que j'avais pu faire et réussir n'était compatible avec ma nouvelle fonction. La culture d'entreprise était à des milliers d'années, et le style de management n'avait rien à voir. Est-ce que cette nouvelle entreprise était si « nulle » ? Non, bien au contraire ! Alors, étais-je si mauvais ? Non, bien sûr. Mais le problème venait tout simplement d'un manque d'adéquation et d'une différence de vision. La responsabilité du choix était partagée, celle de l'erreur de recrutement aussi. Résultat : 6 mois de présence, peu de réalisations concrètes, un départ rapide suivi d'une grande phase d'incertitude. Côté apprentissage, ces 6 mois ont constitué une formidable leçon de vie professionnelle, dure et pénible, mais encore utile plus de 11 ans après.

Une des principales leçons à tirer, c'est qu'un choix de carrière ou d'option professionnelle doit répondre à des critères précis, qui peuvent limiter la recherche mais la rendre plus efficace. Désormais, je suis convaincu de l'utilité d'un ciblage pour éviter des erreurs d'orientation. Chercher de nouvelles opportunités professionnelles, ce n'est pas faire du *carpet bombing*, à l'image des bombardiers de la Seconde Guerre mondiale qui rasaient des villes entières pour atteindre un objectif réduit. Je crois désormais aux frappes chirurgicales !

Le ciblage consiste à passer d'une liste d'options nombreuses à une liste plus réduite d'options réalistes, et ce *via* une élimination progressive des options non compatibles avec votre vision, vos objectifs, vos préférences et vos différences. Le schéma suivant reprend les éléments du filtre qui permettent de réaliser un ciblage efficace :

Ciblage

Cohérence	**Vision et objectifs personnels** Ce que je veux – long terme, ce que je cherche – court terme, forces et faiblesses, zone de confort, type d'apprentissage souhaité, étape suivante et cohérence par rapport à mes enjeux personnels
	Secteur d'activité et type d'entreprise PME, Grand groupe, local, national, international, conseil ou entreprise, nationalité de l'entreprise, type de culture, image de marque, réputation et a priori, domaine d'activité
	Rôle et responsabilités Niveau de poste, expertise ou généraliste, mode de relation, type d'équipe, rôle de management, apport, mesure de la performance, possibilités de développement, support, objectifs, critères de succès et risques
	Confiance et feeling Image, premiers contacts, feeling lors des entretiens, impressions, style de management et style du manager

- **Premier filtre** : la cohérence avec votre vision et votre projet personnel. Est-ce que cette opportunité est en phase avec votre projet et vos objectifs ?
- **Deuxième filtre** : le secteur d'activité et le type d'entreprise sont-ils en phase avec votre vision, vos réalisations et votre zone d'intérêt ? Pourrez-vous apporter la même valeur ajoutée dans ce nouveau secteur

que dans celui dans lequel vous évoluez actuellement ? Avez-vous un attrait particulier pour les produits, la culture, l'éthique de ce secteur ? La taille de l'entreprise est également à considérer : passer d'un grand groupe à une PME, ou l'inverse, a des conséquences sur les modes de travail et d'organisation. L'efficacité dans une PME ne répond pas aux mêmes critères que dans une grande entreprise, les systèmes de décision sont complètement différents, et l'autonomie y prend des formes différentes.

- **Troisième filtre : le rôle et les responsabilités.** Qu'allez-vous faire ? En quoi ce nouveau rôle va-t-il vous faire progresser, apprendre ou, au contraire, régresser ? Vos expériences passées sont-elles compatibles avec votre nouveau rôle, pourrez-vous vous appuyer dessus ? Quels sont tous les critères à prendre en compte pour valider l'intérêt de ce poste : la future zone d'autonomie, la prise de risque, le rapport risque/rémunération, l'impact sur la qualité de vie (meilleure ou moins bonne), l'ampleur du changement (dans la zone de confort, hors de la zone de confort), les opportunités de développement ou la vision à long terme… ? Une autre dimension à prendre en compte est le rôle de votre manager et vos relations avec lui. C'est un des critères les plus importants de ciblage que nous évoquerons un peu plus tard. Le manager compte au moins pour 50 % dans la réussite ou l'échec !

- **Le quatrième filtre fait appel aux émotions et au feeling.** Parce qu'un choix se termine toujours par la question « est-ce que je sens bien ce choix ? », il faut alors faire entrer en jeu votre cœur autant que votre cerveau. Il faut passer en revue vos sentiments lors des éventuels entretiens, les observations réalisées et perçues (ambiance, sourires, tristesse, peur) et intégrer vos conclusions dans votre processus de décision. La première impression est souvent la bonne et il n'est pas rare que l'on sente le succès ou l'échec au moment même de la décision.

La prise de risques sur des faits s'appelle un défi ou un challenge, la prise de risque sur des sentiments peut par contre s'apparenter à de la témérité injustifiée. L'important n'est pas donc pas uniquement d'identifier ces caractéristiques. Il faut également analyser le marché et définir vos priorités en fonction. Il s'agit de renforcer vos chances de succès en identifiant l'environnement propice dans lequel vous pouvez vous exprimer, et, de ce fait, de vous garantir contre l'échec.

Que devez-vous prendre en compte ?

Le secteur d'activité

Tous les secteurs d'activités ne se ressemblent pas. L'industrie pharmaceutique est très différente de celle du disque, tant en terme de culture, de process que de performance financière. Et tous ces éléments contribuent à créer un contexte particulier que l'on aime ou pas.

Le point principal à prendre en compte est la proximité possible et souhaitée avec l'activité et/ou les produits. En effet, le produit, la marque ou le domaine ont un effet motivant, mais aussi un impact sur la performance. Un scientifique aura plus de facilité à comprendre les modes de fonctionnement d'une entreprise de biotechnologie qu'un littéraire. Et cette compréhension peut permettre d'améliorer ou d'optimiser sa performance en rendant certains sujets plus abordables, ou en l'aidant à se créer une crédibilité.

De la même façon, l'attrait du produit constitue un élément fort d'implication : l'industrie du voyage paye en moyenne moins que beaucoup de secteurs, car elle dispose d'un produit attirant pour beaucoup de personnes. Il en est de même pour l'industrie du transport aérien, alors que les cigaretiers payent en moyenne plus que le marché pour attirer des talents parfois rebutés par l'activité de l'entreprise.

Plus simplement, travailler dans une industrie dont vous appréciez le produit est toujours plus facile, moins générateur de stress et de difficultés que de vous engager dans une entreprise dont vous n'aimez pas – ou ne comprenez pas – le produit ou les services.

La fonction et le rôle

C'est le passage obligé, la composante la plus évidente de la démarche de ciblage avec le choix du secteur. Il vous faut aller au-delà du titre et regarder les tâches à réaliser, la description de poste, mais aussi vous intéresser au passé du poste – qui était là avant, quels sont les motifs du recrutement, qu'est devenu le/la titulaire précédent(e) du poste ? –, comme à son futur – que faut-il changer, garder ? Pourquoi ?

Il vous faut ensuite vous poser la question des facteurs clés de succès dans le poste, vous demander ce que sont les compétences indispensables ou accessoires et la zone d'autonomie et de prise de décision. Après quoi, il vous faudra confronter ces réponses à des aspects plus personnels tels que : ce que vous pouvez et ce que vous voulez apporter, comment vous voulez travailler. Il s'agira ensuite d'identifier votre style de communication et de fonctionnement et de voir en quoi il peut être un avantage ou un inconvénient dans le contexte proposé.

Ces informations peuvent être obtenues principalement lors des entretiens de recrutement (en externe) ou de sélection (en interne), mais aussi en sollicitant le réseau (*cf.* l'étape 6).

Le style de votre manager

> *« Le meilleur manager est celui qui sait trouver les talents*
> *pour faire les choses, et qui sait aussi refréner*
> *son envie de s'en mêler pendant qu'ils les font. »*

Theodore Roosevelt

Cet aspect est à mon sens l'un des plus importants et l'un de ceux que l'on oublie le plus souvent. En effet, un poste, une entreprise, un secteur d'activité sont des éléments importants, mais ce qui donnera chair à votre travail au quotidien, c'est la façon dont votre manager vous appuiera, aidera ou dirigera.

On se pose souvent la question de savoir si X ou Y est un bon ou un mauvais manager. Même s'il existe des critères qui permettent d'effectuer ce classement, il en est un qui doit primer sur tous les autres : est-ce un bon ou un mauvais manager, selon moi. Car la perception du manager et de son rôle varie en fonction des individus. Un bon manager pour X sera un exécrable manager pour Y. La qualité du management est donc une question de contexte, autant que de compétences.

Pour analyser si un manager vous convient, il vous faut d'abord prendre en compte son style de management. Le style de management est un résumé du mode de relations, de valeurs et d'exigences qu'un manager va mettre en place avec chacune des personnes de l'équipe.

Le tableau de la page suivante reprend quatre modèles de management, répartis en fonction de deux critères : le centrage sur la relation, et le centrage sur le résultat. Voici ces quatre modèles de management :

- **Le copain.** Dans ce cas, le manager privilégie la relation sur le résultat. Il construit une bonne ambiance et considère que si l'ambiance est bonne le travail sera bien fait. Le pilotage se fait principalement par le sentiment. Mais il peut y avoir problème dans les situations de conflits, d'objectifs non atteints ou de phases de changements. Le manager aura parfois des difficultés à reprendre le contrôle de la situation. Il aura également du mal à prendre des décisions impactant ses collaborateurs ;

- **L'autiste.** Ce cas représente le manager qui « s'en fiche ». Ni centré sur les résultats, ni porté sur les relations avec l'équipe, il laisse le groupe s'autogérer et vaque à d'autres occupations ;

- **Le productiviste.** Ici, le manager met en avant l'atteinte des résultats à tout prix. Il est efficace mais est parfois décrit comme un animal à sang-froid. La dimension humaine lui échappe, seule la fin est intéressante. Et dans ce cas, la fin justifie souvent les moyens, si durs soient-ils ;

- **L'assertif.** Ce dernier cas combine les deux dimensions et réalise un équilibre entre la fin et la façon d'y parvenir. Ce type de manager est certes centré sur la relation, mais il ne fera pas de concessions en cas de non-atteinte des objectifs. Il intègre la dimension humaine, mais l'associe constamment au contexte et aux objectifs.

Quel style de management vous convient-il ?

Centré sur la relation

+	Management **copain** Mise en avant de la dimension humaine au détriment – possible – des résultats	Management **assertif** Intègre les deux dimensions en gardant à l'esprit l'objectif
−	Management **autiste** Centré sur lui-même	Management **productiviste** Centré sur le résultat à tout prix
	−	**+**

Centré sur le résultat

Mais, attention, un manager peut aussi combiner les quatre aspects. Là encore, tout est question de perception et de réalité. Il n'est pas rare de voir dans une même équipe un manager considéré comme un autiste par certains (il ne s'intéresse pas à ce que je fais !), un assertif par d'autres (il est intéressé, aide, propose et prend des décisions), un productiviste par d'autres encore (il est dur, ne pense qu'au chiffre, n'a même pas une parole gentille) ou un copain par les derniers (c'est un super-manager, d'ailleurs on se voit le week-end, nous avons les mêmes hobbies). Et tout est vrai ! Cela ne fait que confirmer qu'un manager est un être humain, complexe et changeant, comme tout le monde.

Pour aller plus loin dans l'analyse il convient aussi de se poser la question du champ de vision du manager et d'analyser plus en profondeur la façon dont il/elle perçoit son environnement et la conséquence que cette perception pourrait avoir sur le style de management ou la relation qu'il/elle pourrait mettre en place avec vous. Au même titre que la motivation, le champ de vision du manager regroupe cinq dimensions :

* **Lui.** Le manager est centré sur sa propre personne et définit l'ensemble des actions par rapport à ce qu'elles peuvent lui apporter. Souvent, ce type de manager est aussi un micro-manager, incapable de déléguer et centré sur les tâches.

  Sa force : il se connaît bien.

  Sa faiblesse : l'équipe est à son service, avec risque d'exclusion, de démotivation.

  Il dirige par les tâches et son injonction la plus fréquente est : « Faites ça ! »

* **La technique** ou le manager expert, présent dans beaucoup de structures à dominante technique. Il tire sa motivation de la technique et non pas de l'équipe, créant un décalage entre aspirations et réalité. Se retrouvent dans ce cas de nombreux managers promus à partir de leurs qualités d'expert, mais en omettant une réflexion sur leurs compétences managériales, qui sont parfois à l'opposé des compétences nécessaires pour un expert technique.

  Sa force : la crédibilité technique.

  Sa faiblesse : il ne peut pas prendre de la hauteur, veut tout maîtriser.

  Il dirige par l'expertise : il tire son autorité de son savoir.

* **L'équipe,** ou plutôt son équipe. C'est le manager de proximité, qui a construit son équipe à son image. Ambiance et résultats sont souvent au rendez-vous. On retrouve ce type de manager dans beaucoup d'équipes de vente.

  Sa force : la cohésion, l'esprit d'équipe et ses capacités d'animation.

Sa faiblesse : il/elle ne manage bien que des gens qui lui ressemblent, et construit parfois la cohésion par la compétition interne (« on est meilleurs que… il faut montrer qu'on peut faire mieux que X ou Y… »).

Il dirige par les objectifs, peu nombreux, mesurables, en ligne avec la stratégie de l'entreprise, cohérents et communiqués.

- **L'organisation.** Ce manager prend en compte la complexité de l'entreprise et ses exigences parfois paradoxales. Il est à l'aise dans les structures matricielles, ou lorsqu'il s'agit de travailler avec des fonctions ou des cultures différentes.

Sa force : son champ de vision étendu et sa capacité d'intégration.

Sa faiblesse : il peut se distancer de son équipe.

Il dirige par le but, c'est-à-dire par une approche globale.

- **L'entreprise et au-delà.** Ce manager a une mission qui dépasse son rôle. Il peut aussi avoir un projet personnel qui le pousse à aller plus loin. Il pense global et « macro ».

Sa force : son potentiel, sa vision et sa capacité d'intégration.

Sa faiblesse : il s'est mis sur une trajectoire – volontaire ou non – de changement, il affiche son potentiel pour aller plus haut.

Il dirige par la vision : notre finalité c'est de « produire les meilleurs produits du monde, de rendre les gens heureux, de sauver des vies ou de défendre notre société ».

Une autre dimension du manager : son champ de vision

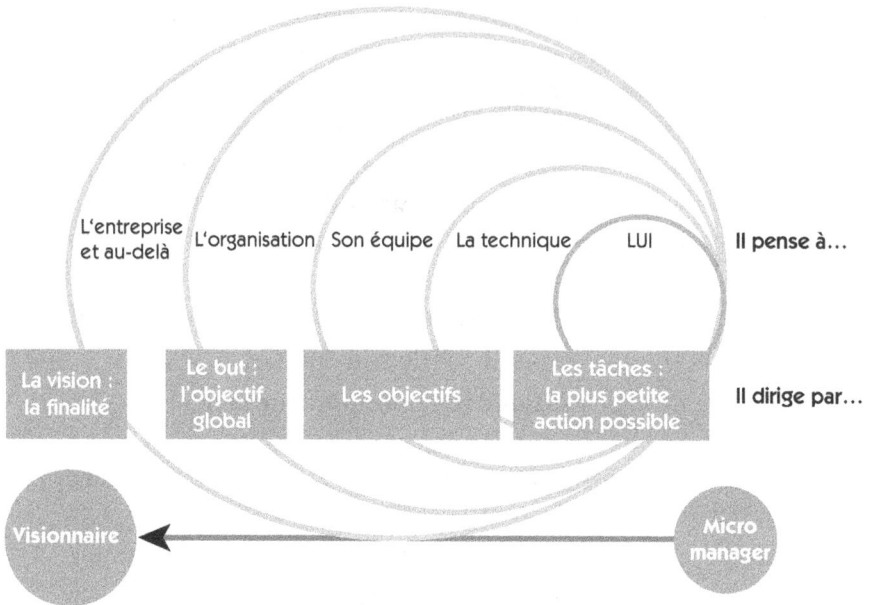

Le choix d'un manager ne se fait pas que sur son style, mais sur une compatibilité des visions. Il faut donc mettre en phase les deux aspects pour voir s'il y a compatibilité ou risque de rejet !

C'est ce que propose le tableau suivant qui est une aide au positionnement. L'axe horizontal représente les différents champs de vision du manager, alors que l'axe vertical reprend une analyse de votre champ de perception. Le croisement entre deux dimensions se traduit par une situation qui peut aller du conflit, de la démotivation, à l'alignement ou au développement, en passant part l'incompréhension. Chacune de ces situations est porteuse de plus ou moins de risques ou d'opportunités. Il est donc fortement conseillé de faire cette analyse afin de mieux comprendre ce qu'une relation manager/managé peut induire comme situations confortables ou comme conflits potentiels.

Trouver son style de manager

Je pense \ Il pense	À lui	Au produit	À son équipe	À l'organisation	À l'entreprise et au-delà
À moi	Alignement	Développement	Conflit, incompréhension et risque de faible performance, impact sur le potentiel		
Au produit	Démotivation	Alignement	Développement	Incompréhension	
À mon équipe	Démotivation		Alignement	Coopération délégation / autonomie	
À l'organisation	Démotivation	Incompréhension	Risque d'incompréhension	Alignement	Développement
À l'entreprise et au-delà	Démotivation		Besoin d'explication	Développement	Alignement

La culture d'entreprise

On l'oublie parfois mais la culture d'entreprise est un élément très important pour le développement individuel. Être en phase avec cette culture, c'est évoluer dans un environnement positif, où les valeurs sont partagées et la communication facilitée.

La culture d'entreprise est souvent difficile à décrire, et pourtant, c'est une des premières choses que l'on ressent ou que l'on voit. Elle est faite d'éléments tangibles et intangibles, de faits et de légendes, d'images et de paroles. On peut sentir la culture de l'entreprise avant même de s'y rendre, tout simplement en accédant à son site Internet et en observant la façon dont elle parle d'elle-même, les images employées ou les mots utilisés. Plus pratiquement, la culture d'entreprise devient tangible au travers :

- De ses valeurs d'entreprise, souvent communiquées de manière très large et considérées comme un ciment de l'organisation ;

- De règles exprimées, de l'éthique, de son engagement sociétal et humanitaire ;

- De son système de performance ;

- De son origine géographique ou culturelle (pays ou culture de départ : le fondateur est-il un chercheur ou un vendeur, un Européen ou un Japonais ?) ;
- De son image (celle qu'elle donne et celle qu'elle veut donner), des marques qui la composent, de sa politique de communication ;
- De son management, et notamment des membres du comité de direction (qui sont-ils, d'où viennent-ils ?) ;
- De son histoire et de ses réalisations ;
- De ses modes de relation (formel, informel, taille d'entreprise, dimension locale, nationale ou internationale).

En associant tous ces éléments se crée une façon de se comporter, de se développer et de percevoir le monde : c'est la culture d'entreprise. Cette culture va jouer un rôle clé dans votre carrière.

La culture d'entreprise crée de l'appartenance aussi bien que de l'exclusion (vous êtes « dedans » ou « dehors »), et impacte fortement d'autres notions telles que par exemple celle du talent. En effet, la notion de talent évoquée précédemment est fondamentalement liée à la culture d'entreprise. Alors qu'une compétence se met en œuvre partout, un talent est par nature associé à une culture et un environnement particulier. D'où l'impérieuse nécessité de prendre en compte la culture d'entreprise dans l'élaboration de votre projet personnel et dans les actions qui en découleront. Parce que la culture peut être aussi bien un accélérateur de performance qu'un frein.

Définissez votre valeur

Cette question – quelle est ma valeur sur le marché ? – reste souvent taboue. De nombreuses revues économiques font régulièrement leurs titres sur diverses analyses de salaires par fonction, pays ou diplômes. Mais ces informations, toujours très utiles, ne prennent pas en considération les vrais facteurs qui permettent aujourd'hui de calculer une rémunération. Ces facteurs sont ceux que nous avons évoqués précédemment et ils sont de plus en plus liés à un individu particulier, plus qu'à un titre, une taille d'entreprise ou un diplôme.

Réfléchir à votre valeur est indispensable si vous voulez construire une réelle démarche de marketing individuel. Le fait de vous poser cette question offre plusieurs avantages :

- Elle rend concrète votre réflexion sur vos compétences ;

- Elle vous force à vous intéresser au marché ;
- Elle vous permet d'utiliser votre réseau ;
- Elle vous impose une démarche critique ;
- Elle vous aide à préparer une négociation ;
- Elle vous évite les surprises.

Pour être utile, la démarche d'analyse de valeur doit intégrer deux facteurs :

- **Le positionnement de votre rémunération actuelle par rapport au marché** (divisée en trois catégories : en phase, en dessous ou au-dessus). Ce positionnement peut aussi intégrer le secteur d'activité et la taille de l'entreprise, sachant que ces deux facteurs peuvent influencer la rémunération moyenne (par exemple, l'industrie pharmaceutique paye mieux que l'industrie du transport aérien, en moyenne) ;
- **Le niveau de différentiation**, à savoir une analyse de votre valeur ajoutée, par rapport à une moyenne, dans un poste identique avec des responsabilités équivalentes (niveau de complexité identique, niveau d'exposition identique – local, national, international – et niveau de maturité identique – nouvelle entreprise, entreprise pérenne et installée).

Le tableau suivant identifie neuf scénarios en fonction des différentes combinaisons de valeurs évoquées précédemment :

- **Niveau de différentiation fort (+).** Les performances sont excellentes et supérieures à la moyenne et le talent est réel et identifié :
  - Si la rémunération est en dessous de la moyenne : votre valeur est sous-estimée. Il est temps d'analyser d'autres options ;
  - Si la rémunération correspond à la moyenne : votre valeur est-elle réellement prise en compte ? Votre salaire semble correspondre à un poste mais non à une valeur ;
  - Si la rémunération est supérieure à la moyenne : il semble y avoir une cohérence entre valeur et rémunération. Une analyse plus poussée peut néanmoins être réalisée.

- **Niveau de différentiation faible (=).** À ce niveau, il n'y a pas ou peu de facteurs discriminants entre votre valeur et la valeur moyenne/performance moyenne :
  - Si la rémunération est en dessous de la moyenne : il y a un léger décalage entre réalité et niveau moyen ;
  - Si la rémunération est en phase avec la moyenne : il y a cohérence ;

– Si la rémunération est supérieure à la moyenne. Ce cas est intéressant puisque le salaire est en fait supérieur à la valeur ajoutée. Cette différence peut être due au secteur ou à l'ancienneté. Il s'agit d'une zone à risque puisqu'en cas de changement d'entreprise ou de secteur, la rémunération pourrait baisser ! Une rémunération trop élevée peut donc également constituer un handicap, car elle peut bloquer la mobilité.

● **Niveau de différentiation est négatif** (-), c'est-à-dire que votre valeur est moins importante que la moyenne. Ceci peut être dû à une faible expérience, une performance limitée ou une faible capacité à mettre en avant votre vraie valeur, contribuant ainsi à une image faussée :

– Si la rémunération est positionnée en dessous de la moyenne : vous êtes dans une zone de cohérence ;

– Si la rémunération reste identique à la moyenne : il s'agit là encore d'une zone de confort potentiellement bloquante pour l'avenir ;

– Si la rémunération est supérieure à la moyenne : *idem.*

Analyse de valeur

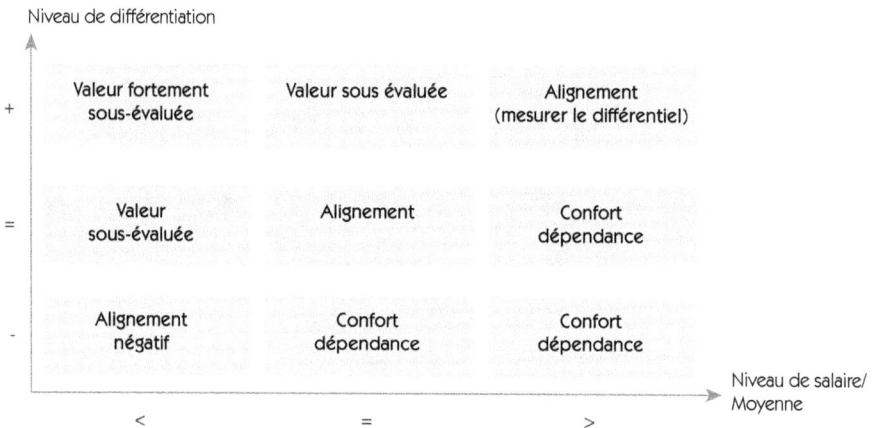

Niveau de différentiation

+	Valeur fortement sous-évaluée	Valeur sous évaluée	Alignement (mesurer le différentiel)
=	Valeur sous-évaluée	Alignement	Confort dépendance
-	Alignement négatif	Confort dépendance	Confort dépendance
	<	=	>

Niveau de salaire/ Moyenne

Une autre analyse peut être menée, qui prend cette fois en compte les notions de risque et de substitution :

● Le risque à prendre en compte est celui lié à votre fonction ou au poste. Par exemple : si vous devez recruter une personne en période d'incertitude sur l'avenir de l'entreprise, vous devrez prendre en compte cette situation. En effet, intégrer l'entreprise dans ce contexte représentera un risque potentiel pour le nouvel embauché, car, en cas de restructuration, il/elle risque d'être parmi les premiers à en faire les frais ;

- La substitution dont nous avons déjà parlé précédemment représente votre capital compétence et le rôle qu'il joue dans l'entreprise. Plus la substitution est difficile, plus vous serez en situation de rapport de force favorable en cas de négociation.

Les options sont donc les suivantes :

- **Une substitution difficile avec une prise de risque faible ou une prise de risque forte avec une substitution facile.** Elles peuvent impacter la structure salariale positivement en négociant sur l'un des deux critères discriminant : je prends des risques, donc je dois obtenir plus, ou j'ai une compétence rare et je dois obtenir plus. À noter cependant que la dimension « compétence/substitution » est plutôt associée à du long terme, alors que la notion de prise de risque est sur un plus court terme ou épisodique ;

- **Une combinaison entre faible prise de risque et forte capacité à trouver les mêmes compétences, donc une substitution facile.** C'est le pire cas pour négocier, car il ne met en avant aucun facteur permettant de rééquilibrer le rapport de force ;

- **Une combinaison, à l'inverse, entre prise de risque et substitution difficile.** Le rapport de force est donc en faveur de l'individu, mais, dans ce cas, il faut se poser – en tant qu'entreprise – la question de savoir quelle est la motivation de celui-ci pour rejoindre l'entreprise alors que probablement les autres options sont nombreuses.

Cette analyse de la valeur est donc un élément indispensable à toute démarche de marketing individuel. Elle crédibilise l'ensemble de la réflexion et aide également à préparer les négociations sur les conditions de travail, les salaires ou, plus largement, l'ensemble du package de rémunération (primes, bonus, avantages annexes tels que voiture de fonctions, assurances, stock-options…).

La dimension à prendre en compte est l'individualisation des rémunérations et son impact sur la capacité à négocier ou à influencer. Car, même si la majorité des entreprises sont dotées de grilles salariales précises, elles intègrent toutes de l'espace pour la négociation. Cet espace est certes plus ou moins grand, mais il existe partout. Il porte sur les montants, le type de bonus, les ratios ou les avantages « périphériques », qui d'ailleurs sont de plus en plus centraux.

Risque et substitution
Comment ils impactent la rémunération

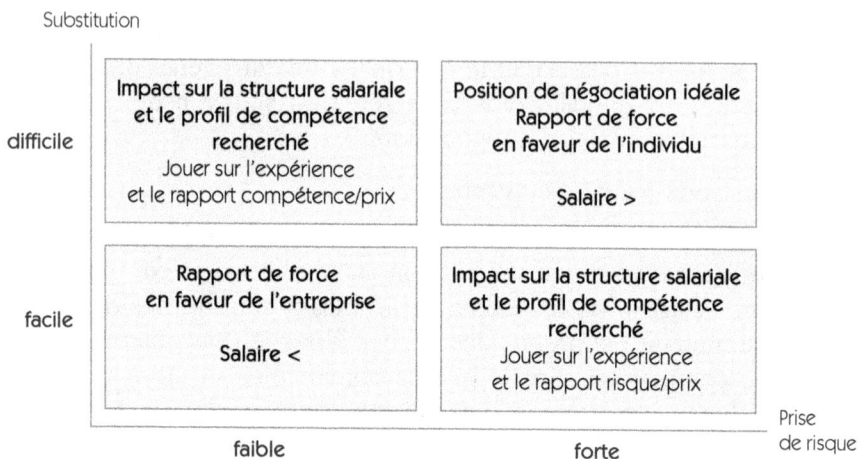

Substitution

	faible	forte
difficile	Impact sur la structure salariale et le profil de compétence recherché Jouer sur l'expérience et le rapport compétence/prix	Position de négociation idéale Rapport de force en faveur de l'individu Salaire >
facile	Rapport de force en faveur de l'entreprise Salaire <	Impact sur la structure salariale et le profil de compétence recherché Jouer sur l'expérience et le rapport risque/prix

faible   forte   Prise de risque

Il faut donc vous préparer à cette discussion parce que si elle survient sans préparation, elle ne tournera pas à votre avantage. Là encore, l'objectif n'est pas d'avoir plus, mais d'avoir une valeur reconnue à votre juste niveau. C'est une relation gagnant/gagnant, et non un jeu d'argent, mais c'est aussi un des éléments fondamentaux de toute démarche de marketing individuel.

Faites-vous connaître… et reconnaître

> « On est rarement maître de se faire aimer,
> on l'est toujours de se faire estimer. »

Fontenelle

Pendant de très nombreuses années, la description de l'activité professionnelle passait par une description du métier (« je suis… je fais »). Il en était de même pour les entreprises qui basaient la majeure partie de leur recrutement sur des critères techniques (un financier, un manutentionnaire). En parallèle – et ceci est très marqué dans les entreprises à culture très forte –, on a observé une autre façon de décrire son activité professionnelle : la démarche du « je suis chez… ». Par exemple, à la question de savoir ce qu'il faisait dans la vie, un de mes anciens collègues répondait régulièrement : « je travaille chez Air France », comme si l'appartenance à une organisation définissait son métier. Cette tendance reste encore très lourde dans de grands groupes, considérés comme solides et immuables et à forte stabilité organisationnelle. On comprend, dès lors, mieux, les énormes problèmes d'identification rencontrés par ces personnes lors de fusion ou d'acquisition, qui débouche sur une disparition de fait de la « maison mère » (au sens littéral du terme). Et que dire de leur situation dans un contexte de perte d'emploi.

Mais désormais le problème est encore plus complexe. La notion de métier tend à disparaître de plus en plus pour être remplacée par celle d'expertise. L'entreprise recherche de moins en moins de « métier » et de plus en plus de compétences. Ce qui rend la comparaison de plus en plus difficile et la globalisation (notamment en terme de rémunération) de plus en plus arbitraire. L'égalité n'est donc plus de mise et se trouve remplacée par l'équité sur la base de performances.

Alors que le monde se globalise, les compétences – au même titre que la rémunération – s'individualisent. Il y a encore quelques années, il suffisait de dire « je suis diplômé(e) de... » ou « j'ai un bac +... » pour accéder à un emploi. Ceci est de moins en moins vrai, et ne le sera plus du tout dans quelque temps. L'individu est au centre de la démarche. Il ne s'agit plus de parler d'attributs connexes (comme le diplôme), mais de rendre lisible votre propre valeur ajoutée en adoptant une démarche de segmentation et de différenciation qui servira de base à la mise au point d'une démarche de marketing individuel.

Faites de votre CV un support de vente

Il y a des dizaines de façon de rédiger un CV, et des centaines d'ouvrages expliquent les bonnes et moins bonnes façons de le faire. Nous ne nous attarderons pas ici sur l'aspect purement design et écriture d'un CV mais plutôt sur son rôle en tant que support de communication marketing et de promotion.

Avant tout essayons de voir ce qu'est réellement un CV. Globalement, le CV a quatre rôles, il s'agit d'un outil de réflexion, un outil de bilan, un support de communication et un outil de promotion :

- **Un outil de réflexion sur vous et un support pour anticiper.** Rédiger régulièrement un CV est un excellent moyen pour valider ce qui a été fait, lister les réalisations, visualiser la cohérence, les éventuelles incohérences ou, plus globalement, réfléchir sur le passé. Le CV n'a donc pas uniquement une vertu de promotion. C'est avant tout un miroir dans lequel vous pouvez vous regarder régulièrement. Pour cette raison je vous conseille fortement de revoir ou réécrire à intervalles réguliers votre CV, même sans objectif précis autre que de faire un point de carrière. Le CV est aussi un support d'anticipation. En le parcourant, vous pouvez identifier les manques, les « trous » ou les points à renforcer. C'est donc un guide qui vous permet de dresser le portrait de ce que devrait être idéalement la prochaine étape de carrière.

- **Un outil de communication.** Le CV est un moyen de vous faire connaître, un outil de diffusion d'information. Il est donc adaptable, modulable et, de toute façon, soumis à interprétation comme tout outil de communication. Il doit donc répondre à plusieurs règles :

  – Le CV aide à rendre visible : il raconte une histoire et met en avant des faits. Il parle de quelqu'un et de quelque chose ;

  – Le CV aide à rendre lisible : il explique un parcours et doit prendre en compte le lecteur, éviter les jargons, les acronymes et les abréviations. Il doit être complet mais simple. Il rend cohérent mais il condense aussi l'expérience. Le CV est donc un résumé qui conserve, amplifie ou élimine des informations. Le CV n'est donc pas exhaustif, mais précis et ciblé ;

  – Le CV aide à rendre accessible : il s'adapte à son interlocuteur. Il peut contenir des dizaines de messages différents, mais un seul seulement atteint sa cible. Il faut donc porter une grande attention à son adaptation en fonction du lecteur potentiel.

- **Un outil de promotion.** Au-delà de la pure communication qui consiste à envoyer un message, le CV est un support de promotion, et donc de vente. Il doit rendre le « produit » intéressant, attirant, et marquer la différence. À ce titre, le CV est l'outil de différentiation par excellence. Il permet de mettre en valeur certaines informations et de sélectionner ce qui doit être écrit.

- **Un outil de préparation à l'entretien** : une fois le CV rédigé, il faut anticiper un entretien et donc vous y préparer. Le CV peut servir de base à la mise en place d'un argumentaire de vente, qui consiste à aller plus au fond des choses, apporter des preuves et des exemples, et faire face aux objections. L'argumentaire de vente reprend alors plusieurs dimensions : les facteurs de différentiation, la mise en avant de la cohérence, une préparation à la négociation *via* l'analyse de la valeur et une formalisation des critères de motivation.

Apprenez à tirer le meilleur parti de votre expérience professionnelle

Le tableau ci-dessous décrit les trois étapes de rédaction d'un CV :

- La première étape consiste à lister l'ensemble des faits, des actions, des réalisations ou des formations qui pourraient être intégrées dans un CV. Cette liste est exhaustive, sans limites et sans priorités. Il s'agit de la liste des caractéristiques ;

- La deuxième étape permet de clarifier « l'histoire » que l'on veut raconter au travers du CV. Cette étape vise à mettre en avant la cohérence – les liens logiques et évidents entre les expériences, le fil rouge et la/les dominante(s). Cette partie aide aussi à prioriser les expériences en se centrant sur celles qui parlent le plus et valorisent le mieux. C'est aussi le début de l'exercice formel de différentiation ;

- La troisième étape a pour vocation de cibler le message. C'est l'histoire revue par le contexte. Il s'agit alors d'une démarche cosmétique qui adapte le message à l'interlocuteur. Cette phase permet de reprendre des mots utilisés par l'entreprise ciblée, de donner un style cohérent avec la culture d'entreprise, de relire l'histoire en fonction du lecteur.

Cette démarche permet donc d'aller du général au particulier.

Rédiger son CV

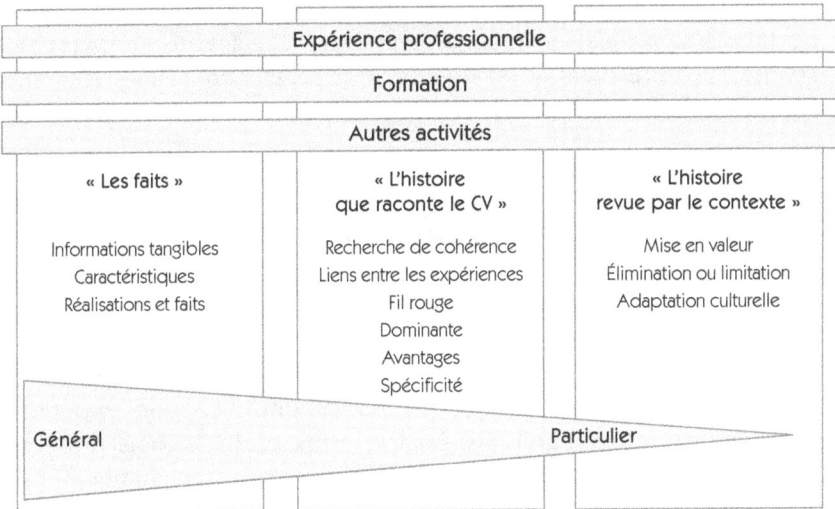

Expérience professionnelle		
Formation		
Autres activités		
« Les faits »	« L'histoire que raconte le CV »	« L'histoire revue par le contexte »
Informations tangibles Caractéristiques Réalisations et faits	Recherche de cohérence Liens entre les expériences Fil rouge Dominante Avantages Spécificité	Mise en valeur Élimination ou limitation Adaptation culturelle
Général		Particulier

Vous trouverez page suivante un support d'aide à la rédaction du CV qui reprend ce que nous venons d'évoquer. Pour chacune des expériences professionnelles vous pouvez procéder de la façon suivante :

- Listez l'ensemble des faits et réalisations (par exemple, le développement d'un portefeuille de nouveaux clients, la mise en place d'une lettre d'information pour les clients européens, le choix des fournisseurs, la négociation des contrats avec les fournisseurs, la mise en place de tel ou tel process, etc.) ;

- Écrivez en quelques mots ou en quelques lignes ce que vous voulez faire sortir de cette somme d'expériences. Quelle est l'histoire à raconter ? Il faut vous forcer à une description claire et concise, qui mette en avant vos réalisations principales et s'appuie sur des faits tangibles (par exemple : « grâce à ce poste, je suis devenu un spécialiste du management projets marketing ayant une forte dimension scientifique et internationale ») ;

- Choisissez les faits à mettre en avant et à valoriser en comparant l'histoire à raconter et les faits listés. Il faut donc mettre en place une sélection de faits afin de garder les plus pertinents et ceux qui parlent le mieux ;

- Listez les preuves que vous pourriez apporter lors d'un entretien pour les faits retenus. Ces preuves sont souvent des exemples de réalisations concrètes (brochures, documentations, photos, témoignages écrits, description de poste…). Terminer par les preuves vous permet de faire une validation finale, de commencer à vous préparer pour l'étape suivante mais aussi revenir à la réalité en évitant tout mensonge, ou trop fort « grossissement ».

La phase suivante est la mise en cohérence. Celle-ci vous permet d'assurer le lien entre vos diverses expériences évoquées dans le CV. Lors de cette phase, il faut vous concentrer sur les informations situées dans les cases « Ce que je veux valoriser » et vous assurer de l'existence d'un lien logique (ou à rendre logique) entre les différentes « histoires ».

Le premier lien se fait toujours entre votre formation initiale et votre premier poste. Les liens suivants se feront entre chaque expérience, mais peuvent aussi intégrer des informations cachées mais qui seront évoquées lors de l'entretien (par exemple, en cas de changement de poste pour des raisons professionnelles, de retour d'expatriation ou de réorientation du projet personnel, etc.).

L'essentiel est de réfléchir à la cohérence réelle ou communiquée le plus tôt dans le processus de rédaction du CV. Il vous faut garder à l'esprit que la cohérence clairement communiquée constitue toujours un point positif. Un CV non cohérent, ou non communiqué comme tel, paraîtra toujours brouillon, illogique, et donc inintéressant.

Tableau de rédaction d'un CV

Les faits	Ce que je veux dire	Ce que je veux valoriser	Les preuves
Expérience professionnelle 1			
			Liens entre mes études et l'expérience suivante
Expérience professionnelle 2			
			Liens avec l'expérience précédente et la suivante
Expérience professionnelle 3			
			Liens avec l'expérience précédente

Une fois ce tableau rempli pour chaque expérience professionnelle, vous pouvez passer à la phase de rédaction proprement dite du CV.

Préparez-vous à la négociation et au rapport de force

Pourquoi aborder la notion de rapport de force dans cette partie ? La raison est liée au contexte de pression constante dans lequel évoluent désormais les entreprises, et à l'impact des exigences de productivité et de performances financières qui la composent sur la relation entre employeurs et employés.

L'ensemble des points que nous avons évoqués auparavant est à la base d'un rapport de force. Parler de différentiation, de valeur ajoutée, de pression ou d'environnement mouvant et complexe, c'est décrire un système de pression global, source de relations tendues, conflictuelles et de crises potentielles. Pour évoluer dans cet environnement, il vous faut prendre conscience de ce fait, mais aussi vous y préparer. C'est ce que nous avons commencé à faire depuis le début de ce livre.

Mais comment se définit ce rapport de force ? Il s'agit une confrontation d'intérêts parfois divergents, dans laquelle le pouvoir des deux parties (ou plus) entre en jeu pour faire pencher une décision dans un sens ou dans un autre. Et ce type de relation se retrouve dans de nombreux contextes :

* Réorganisations ;
* Recrutement (interne ou externe) ;
* Négociations salariales ;
* Conduite de projet ;
* Management d'équipe.

Pour réussir aujourd'hui, il vous faut impérativement prendre en compte ce mode de relations, et apprendre à y faire face, voire à l'utiliser ou le générer. Pour matérialiser cette notion, prenons l'exemple du recrutement. Le recrutement peut se diviser en deux grandes parties, qui mettent en œuvre des modes de relations différents (voir schéma) :

* **La première phase est une phase de conviction**, avec une discussion qui tourne autour du CV, du poste, des réalisations, de la cohérence et des compétences. La relation entre recruteur et candidat passe par le CV, qui constitue à la fois le « produit » et le support de communication. Il s'agit donc d'une relation de vente qui consiste à convaincre que le « produit » est intéressant et donner l'envie à l'acheteur potentiel (dans ce cas, le recruteur) de l'acheter (dans ce cas, de le recruter). Cette relation est bâtie sur l'écoute active, la mise en avant des avantages ou le traitement des questions et des objections ;

● **La seconde phase est la phase de négociation,** elle est toute différente. Il s'agit d'évoquer les conditions « d'achat » qui peuvent s'apparenter dans ce cas au salaire, aux conditions d'emploi, aux avantages, etc. Et nous entrons dans ce cas dans un rapport de force qui prend une forme très simple : « je veux tant » contre « je peux vous donner tant ». En cas de différence, le rapport de force s'installe pour faire pencher la décision d'un côté ou de l'autre. Les arguments avancés ne sont plus uniquement « produit » mais parlent de conséquences ou de risques. Dans cette discussion, entrent en jeu des éléments qui vont se confronter. Le rapport de force consiste alors à montrer que vos arguments sont plus forts que ceux de votre interlocuteur, pour finalement arriver à une décision positive ou négative.

Négociation et rapport de force

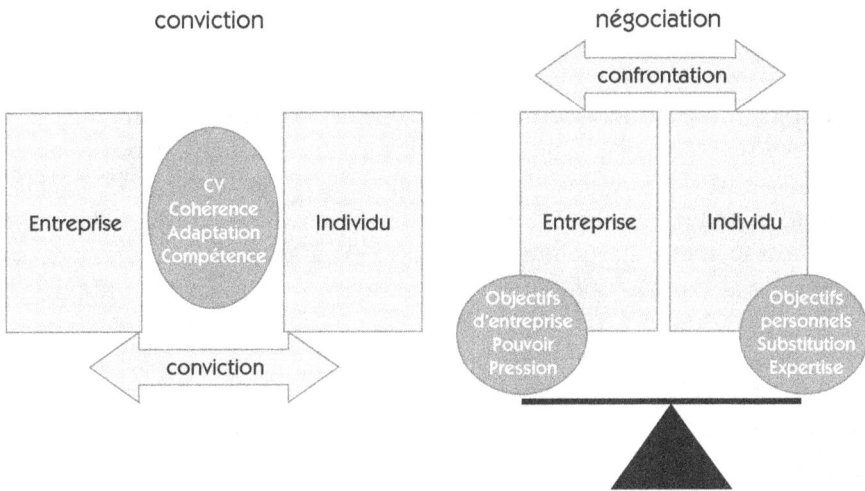

Le rapport de force est équilibré lorsque les arguments possibles et évoqués des deux côtés pèsent le même poids. Ils sont réels (prouvés par des faits) et fondés (c'est-à-dire important dans le contexte dans lequel ils se situent). Le rapport de force peut entre autre s'exprimer au travers des objections. Les objections sont à la fois un moyen de marquer son intérêt mais aussi une certaine forme d'expression d'un rapport de force.

En fait il n'y a pas une forme d'objection mais quatre. Elles se classent selon les critères évoqués ci-dessus : la réalité de l'objectif et sa pertinence par rapport à la situation. Le tableau suivant reprend ces quatre formes :

Les familles d'objections

Pertinentes

	non	oui
oui	INSISTER PROUVER	TRAITER CONTRE-BALANCER
non	IGNORER	CONTOURNER

Réelles

Chaque situation demande un traitement différent :

* **L'objection pertinente et non réelle.** Cette objection est l'une des plus faciles à traiter. Elle se justifie par la situation mais n'est pas réelle. Il s'agit donc d'une erreur d'interprétation ou d'une tentative de déstabilisation basée sur des informations erronées. Par exemple : « Ce poste nécessite d'être parfaitement bilingue en allemand ! » L'objection est pertinente si cette compétence est effectivement requise, et non réelle si elle s'adresse à un candidat qui parle allemand ! Dans ce cas, la façon de répondre est la suivante :
  – Validez la pertinence de l'objection : « La maîtrise de l'allemand est donc une compétence fondamentale pour ce poste ? »
  – Renforcez l'objection : « C'est un des facteurs clés de succès de ce poste ? »
  – Prouvez que vous disposez de cette compétence.

* **L'objection ni pertinente ni réelle,** autrement appelée mauvaise foi ! Dans ce cadre, la meilleure stratégie est d'ignorer l'objection.

* **L'objection réelle mais non pertinente.** Le candidat ne parle pas l'allemand, mais la maîtrise de l'allemand n'est pas une compétence clé requise pour le poste. Le traitement de cette objection passe par une mise en avant de la non-pertinence afin de contourner la réalité de la remarque.

- **L'objection réelle et pertinente.** La seule véritable objection ! Dans notre exemple, l'allemand est requis dans le poste et le candidat ne maîtrise pas cette langue. La seule façon de faire face à cette objection est de :
  - Reconnaître le fait ;
  - Contrebalancer la réalité de l'objection en apportant des arguments portant sur d'autres éléments indispensables pour le poste. De cette façon vous réduirez l'importance de l'objection.

Le traitement des objections permet de voir que le rapport de force se déséquilibre lorsqu'une personne dispose de plus d'éléments réels et fondés que l'autre, et que le poids relatif de chacun de ces éléments est plus important. La différentiation, la maîtrise des compétences ou l'analyse de la valeur constituent donc autant d'éléments qui doivent permettre d'équilibrer le rapport de force – en apportant notamment des preuves (objections pertinentes mais non réelles), ou des faits destinés à contrebalancer des objections réelles et pertinentes – et faciliter ainsi d'éventuelles négociations.

Le tableau d'analyse du rapport de force présenté page suivante reprend certains des facteurs évoqués précédemment et permet d'avoir une vision synthétique de l'état de votre force. Il positionne sept facteurs à prendre en compte et les évalue selon qu'ils sont inexistants, faibles, importants ou forts. Les facteurs pris en compte sont :

- L'existence d'une vision, formalisée, claire et régulièrement révisée ;
- L'état de la différentiation *via* les compétences ou l'expérience ;
- Le résultat de l'analyse de la valeur ;
- La capacité à dire non. Ce point est extrêmement important. Il consiste à savoir si vous pouvez abandonner une négociation. En effet, si une négociation doit être gagnée à tout prix, le rapport de force de votre côté s'affaiblit. La capacité à dire non mesure la possibilité – ou non – de refuser d'aller plus loin si les conditions proposées ne correspondent pas aux attentes. Il s'agit donc d'un des éléments les plus importants de l'analyse du rapport de force (« suis-je assez fort pour refuser ces conditions, quitte à perdre ? ») ;
- La capacité à prendre des risques. Toute négociation comporte une notion de prise de risques. Le risque peut prendre des formes variées, mais se résume toujours par une capacité à avancer « sans protection ». Il peut par exemple s'agir de prendre une décision sans disposer de l'ensemble des informations, ou d'adopter une stratégie de négociation qui combine à la fois efficacité, mais aussi risque d'échec élevé

(par exemple en ayant une exigence initiale très élevée – voir page suivante – et en laissant peu d'espace pour le compromis).

- Le niveau de motivation. Il convient ensuite de positionner ce niveau de motivation qui déterminera l'énergie dont vous disposez pour affronter la négociation ;

- Divers. Une case « divers » permet de lister les autres points à considérer dans la mise en place de votre stratégie de négociation.

Analyse du rapport de force

	inexistant	réduit	important	fort
Ma vision / Mon projet				▮
Ma différenciation *via* les compétences			▮	
Ma différenciation *via* l'expérience	▮			
Ma valeur potentielle		▮		
Ma capacité à dire non		▮		
Ma capacité à prendre des risques		▮		
Mon niveau de motivation				▮
divers				

Une fois ce tableau complété, la négociation peut s'engager. Pour cela, une dernière précaution doit être prise, celle de bien en préparer le début. Il faut à cet effet différencier au préalable la phase de conviction, qui fait appel à un argumentaire basé sur des caractéristiques et des avantages, de la négociation, qui est une relation « frontale » mettant en œuvre des objectifs potentiellement divergents.

Pour rappel, la phase de conviction met en relation des besoins et des avantages (je cherche telle compétence, je dispose de cette expérience), alors que la phase de négociation confronte des objectifs (par exemple en matière de rémunération, la confrontation se passe sur le même terrain – le budget – avec des objectifs différents : « je veux tant » d'un côté contre « je donne tant » de l'autre). Une fois que cette différence est clairement établie, la dernière étape vise à préparer la négociation en respectant plusieurs règles :

- La négociation ne commence jamais par l'annonce de ce que l'on souhaite réellement. Un bon négociateur cache toujours son objectif réel. Il vous faut donc **déterminer d'entrée le point d'exigence initiale**, qui sera plus élevé que votre objectif, afin de créer un espace de négociation. Par exemple, je veux un salaire de 100, donc je demande un salaire de 120 ;

- Il vous faut également **définir le niveau le plus bas jusqu'où vous pouvez aller**. Au-delà de ce niveau, la négociation doit s'arrêter. Entre alors en jeu un des points identifiés dans l'analyse du rapport de force : la capacité à dire non ;

- Pour justifier la demande initiale, il vous faut **des arguments** (c'est le basculement vers la phase de conviction). Il s'agit simplement de dire : « Je veux 120 parce que… » Le « parce que » est suivi des données identifiées lors de votre préparation, telles que le potentiel de substitution, les compétences, l'expérience et l'alignement entre la demande et l'offre ;

- Ensuite, il vous faut **prioriser les demandes**. Certaines sont plus importantes que d'autres. Et comme toute négociation débouche sur un compromis, il vous faut identifier, *via* cette liste de priorité, les points sur lesquels vous pouvez céder plus facilement que sur les autres.

Le tableau page suivante vous aidera à vous préparer.

La préparation

	Priorité	Limite en-dessous de laquelle j'arrête	Point de départ	Arguments et justifications
Salaire de base	2	90	120	Compétences, CV Expérience…

Vous voici désormais armé pour gérer beaucoup de situations professionnelles, ou personnelles, qui vous demanderont des compétences d'auto-analyse et de marketing individuel. Désormais, seule l'action confirmera vos choix, options et stratégies. Passons donc à l'acte !

Étape 4

Jouez pour gagner !

Ou comment réussir votre recrutement et votre intégration

> *« Lorsque tu fais quelque chose, sache que tu auras contre toi ceux qui voudraient faire la même chose, ceux qui voulaient le contraire, et l'immense majorité de ceux qui ne voulaient rien faire. »*
>
> Confucius

La réussite suppose l'action, car il est rare de réussir sans rien tenter. Dans notre contexte, l'action suppose de trouver un terrain de jeu (une entreprise/un projet), d'y rentrer et de se mettre au travail pour prouver sa valeur. Comme déjà évoqué précédemment, je n'évoquerai pas ici les techniques de rédaction de CV ou de lettres de motivation, ou du moins pas de la même façon que de nombreux et très bons autres ouvrages. L'objectif est d'adopter une approche plus globale et d'identifier les étapes critiques qui constituent autant de facteurs clés de succès.

Le processus pour entrer et rester dans une entreprise paraît simple : un CV, une candidature, des entretiens, éventuellement des tests, et une réponse positive ou négative. Après avoir intégré l'entreprise, il suffit de se mettre au travail ! C'est vrai, mais la complexité ne cesse d'augmenter, au même titre que les barrières d'entrée. Nous avons déjà vu qu'un ciblage précis facilitait cette démarche et la rendant plus efficace. Mais nous verrons aussi qu'un processus de recrutement se pilote également du côté du recruté potentiel. Là aussi, l'équilibre des forces doit entrer en jeu. Le recrutement est donc un processus actif qui demande de l'engagement, et surtout de la préparation.

Mais le plus dur n'est pas le recrutement. Les périodes d'essai, CDD et stages deviennent de plus en plus des périodes d'observation et d'intégration. Alors que les candidats ont tendance à investir beaucoup d'énergie dans le recrutement, on se rend compte que la période critique est celle qui le suit. Selon le droit du travail, elle peut varier de 3 à 6 mois, mais la réalité montre qu'elle peut aller jusqu'à 1 ou 2 ans en fonction des contrats et de l'environnement.

Au-delà de l'aspect légal qui change régulièrement et reste anecdotique, le constat demeure le même : un bon départ dans l'entreprise a souvent des conséquences positives sur la durée, la motivation et la performance. Un mauvais départ demande beaucoup d'énergie pour être corrigé et débouche dans de trop nombreux cas sur des situations d'échec. C'est pour cette raison que cette partie insistera beaucoup sur les premiers mois et la façon de faire d'une période d'observation un lancement réussi !

Une fois que vous êtes recruté et intégré, la vie professionnelle normale prend son cours. Mais sa durée est limitée dans le temps. La « durée de vie » dans un poste tend à se réduire de plus en plus. Il y a encore quelques années, on évoquait comme période minimale pour faire ses preuves dans un poste une durée de 4 à 5 ans, avec une période d'apprentissage et de découverte d'un an, voire deux. Désormais, on compte plutôt en mois (18 à 24) avec des exigences de performance de plus en plus rapide, et donc un impact sur la période d'intégration. Il faut donc désormais se poser régulièrement la question de savoir s'il faut partir et, si la décision est prise, de déterminer quand et comment partir.

Entrez et restez dans la partie

Prenez en main votre processus de recrutement

Dans la partie précédente, nous avons vu comment adopter une démarche marketing et faire du CV – entre autres – un outil de promotion et de communication. Le moment est donc venu d'aborder le processus de recrutement et d'évoquer quelques points qui pourraient vous faciliter la vie, une fois engagé dans cette démarche. Mais, tout d'abord, revenons sur le recrutement en lui-même pour voir ce qu'il est et comment il est structuré.

La définition du recrutement est connue de toutes et de tous, il s'agit d'un processus de sélection permettant d'engager une personne pour un poste donné. Rien de bien particulier, mais si nous examinons cette définition de plus près, elle fait ressortir quelques points intéressants :

- **Un processus de sélection.** Tout processus de recrutement contient un risque. La sélection vise à limiter le risque. Il vous faut donc bien avoir à l'esprit que ce processus comporte des risques partagés pour le recruteur (un échec de recrutement coûte cher en argent, temps perdu et risque de démotivation, sans compter l'impact potentiel sur un projet, une équipe ou un service) et pour le recruté (échec en période d'essai, insatisfaction, décalage entre promesses et réalité…). Le processus de recrutement est donc une façon de gérer une double angoisse ;

- **Ce n'est pas un concours !** Même si le recrutement est une sélection, il n'est jamais une fin en soi, mais le début d'un parcours. Il ne faut donc pas chercher à réussir un recrutement comme on réussit un concours. Parce qu'en voulant réussir à tout prix, on oublie que le recrutement est souvent l'étape la plus simple, les difficultés réelles venant lors de l'intégration. De plus, dans certains cas, vouloir réussir à tout prix engendre des comportements dangereux, dont le principal est de grossir, fausser ou inventer des expériences et des compétences. Cela peut être – parfois – une stratégie payante lors d'un entretien, mais c'est surtout une démarche suicidaire à moyen terme. Quand le moment sera venu de prouver les dires et que les résultats ne seront pas au rendez-vous, la sanction sera forcément lourde ;

- **Un processus de recrutement a plusieurs objectifs :**
  - Valider l'adéquation entre un candidat et un poste ;
  - Valider l'adéquation entre un candidat et une entreprise, une culture et un mode de fonctionnement ;
  - Valider l'adéquation entre un candidat et des valeurs ;
  - Valider l'adéquation entre un candidat et un manager ;
  - Valider l'adéquation entre un candidat et une équipe.

Il s'agit donc d'un processus complexe répondant à des critères précis et formalisés. Les recruteurs sont toujours extrêmement bien préparés, leur stratégie de questions est bien en place, ainsi que les objectifs de chacune des phases et les points à valider. D'où la nécessité de bien se préparer à cette démarche.

Un entretien de recrutement se pilote à deux. Il y a le recruteur et le recruté. Une démarche passive mène forcément à l'échec. Il faut donc adopter une attitude proactive, destinée à mettre en avant les points suivants :

- Les compétences et les réalisations ;
- La motivation ;

- L'intérêt et la curiosité ;

- L'assurance ;

- La capacité à se différencier et à rassurer en même temps ;

- L'écoute et l'adaptabilité.

Le tableau ci-dessous reprend ces éléments. C'est un pense-bête qui permet de visualiser les cinq grandes phases indispensables pour réussir cet acte de conviction qu'est l'entretien de recrutement. Cependant le plus important est de faire attention à rester vous-même. L'entretien doit se baser sur des vérités, notamment en terme de traits de personnalité, de motivations ou de valeurs. Mentir sur ces éléments conduit à mentir sur vous. C'est la meilleure façon d'échouer à plus ou moins court terme.

Piloter son entretien de recrutement

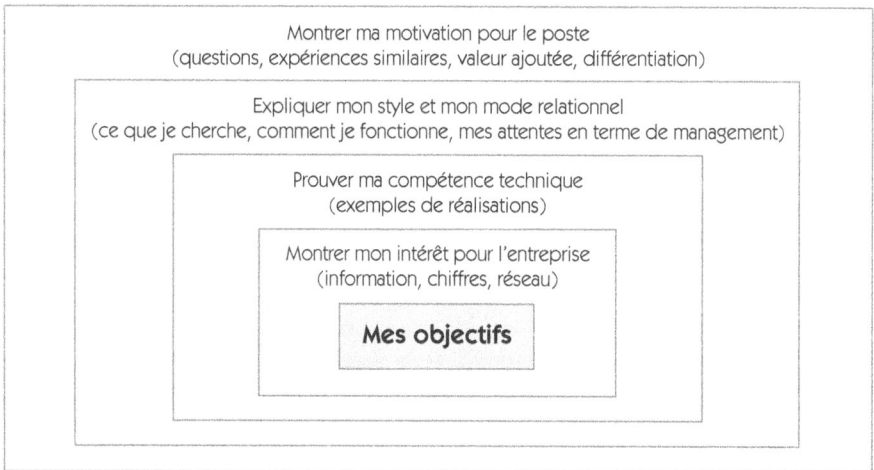

Montrer ma motivation pour le poste
(questions, expériences similaires, valeur ajoutée, différentiation)

Expliquer mon style et mon mode relationnel
(ce que je cherche, comment je fonctionne, mes attentes en terme de management)

Prouver ma compétence technique
(exemples de réalisations)

Montrer mon intérêt pour l'entreprise
(information, chiffres, réseau)

Mes objectifs

Une fois l'ensemble de la préparation mené à bien – projet personnel, CV, préparation à la négociation, analyse des compétences, différentiation et analyse des informations obtenues sur le poste et/ou l'entreprise –, la balle est dans votre camp ! Encore une fois, la meilleure façon de réussir est de ne pas vous fixer comme objectif de réussir à tout prix, le risque étant alors un trop grand stress qui influerait négativement sur votre capacité d'initiative et de pilotage.

Mais le plus dur reste à faire : une fois recruté (que ce soit en interne ou en externe), il va falloir prouver votre valeur. Et affronter une période qui est critique, celle des premiers mois dans le poste où vous allez apprendre, montrer vos capacités, renforcer votre réseau et finalement réaliser des actions. C'est l'objet du point suivant.

Réussissez votre arrivée dans l'entreprise

Qu'est-ce que la période d'intégration ?

La période d'intégration est la période d'observation et de confirmation qui suit un recrutement externe ou un changement de poste en interne. Légalement, cette période peut s'assimiler à la période d'essai qui varie d'un pays à un autre, mais, plus spécifiquement, nous aborderons cette période d'intégration sans référence à sa réalité juridique, mais plus par rapport à son rôle dans la réussite et le développement à long terme dans une organisation. Cette période sert à confirmer le recrutement :

- **Pour l'entreprise**. C'est l'objectif principal de la période d'essai. Quelle que soit la qualité du processus de recrutement, il est impossible de voir le candidat « en action ». La période d'essai permet de mettre le candidat en situation de travail et de voir comment il gérera ses premiers objectifs, mais aussi comment il s'intégrera dans son équipe et, plus largement, s'adaptera à la culture et aux modes de fonctionnement de l'entreprise ;

- **Pour le candidat**. La période d'intégration permet également au candidat de confirmer que son choix était le bon. On insiste très souvent sur la période d'essai en tant que phase d'observation pour l'entreprise, mais cette phase est également importante pour l'ancien candidat. Il s'agit de vous faire une idée précise de votre fonction, de vos objectifs et de votre environnement de travail.

  Outre ce prolongement logique du recrutement, la phase d'intégration agit comme un sas qui permet de passer de la phase du recrutement à la phase d'action « normale ». Elle vous permet donc de mettre en place les premières actions de formation, mais aussi de :

  – Vous informer sur l'entreprise, son mode de fonctionnement, ses processus clés et de mieux comprendre votre environnement,
  – Commencer ou continuer à créer votre réseau,
  – Prouver votre valeur ajoutée par des réalisations concrètes

Finalement le rôle de cette période d'intégration est de se rassurer et rassurer. Sa durée est variable et ne doit pas uniquement prendre en compte les conditions légales en place (3 à 6 mois, CNE, etc.). Quels que soient le contrat, sa durée ou le poste, cette période d'intégration existe. Pour des raisons pratiques nous étudierons un exemple basé sur une période de 3 mois. En revanche, l'ensemble des actions et des passages obligés évoqués dans l'exemple suivant peuvent être comprimés et condensés pour durer beaucoup moins. L'inverse est également vrai.

Cependant il faut noter que la pression de résultat qui domine aujourd'hui le mode de fonctionnement des entreprises tend à réduire cette période. Et là est le véritable défi : une période pour faire ses preuves qui se réduit, alors que la complexité de l'organisation augmente. Ce cumul de données rend donc les premiers jours, semaines et mois vraiment critiques.

La période d'intégration peut être divisée en plusieurs sous-périodes qui ont toutes des objectifs spécifiques. Ces périodes sont les suivantes :

- **la phase de préparation**. Elle débute dès que la décision de rejoindre l'entreprise est prise et entérinée par la signature d'un contrat de travail. Elle permet de vous mettre en phase avec vos prochaines responsabilités mais aussi d'en finir avec le poste précédent. La phase de préparation est plus une mise en condition et une étape de transition. Il ne faut pas négliger cette phase qui permet de faire la rupture entre deux postes différents, de vous ressourcer ou de vous reposer en prenant quelques jours de vacances.

- **La phase de transition** est aussi un moyen de repenser à vos compétences ou à votre zone de confort, de garder le contact avec votre réseau, et notamment vos anciens collègues et/ou managers, et de remettre à jour votre CV. Utilisez aussi cette période de transition pour réfléchir au plan d'intégration et analyser vos besoins de développement futurs. Une fois ressourcé, vous êtes prêt à affronter vos nouvelles responsabilités. Vous vous êtes renforcé. Maintenant arrive le premier jour. Et le début de la phase d'intégration ;

- **Les phases de l'intégration**. Elles sont au nombre de quatre : le premier jour (trouver vos marques), la première semaine (les indispensables), le premier mois (étendre votre champ de vision), le premier trimestre (réaliser). Là aussi la meilleure façon de réussir est d'arriver préparé. Les premiers mois dans une entreprise et/ou dans un nouveau poste sont toujours les plus stressants et ceux qui sollicitent le plus d'énergie. Il faut gérer à la fois plusieurs dimensions : la nouveauté, le besoin de reconnaissance, l'action, la formation et la tension liée au changement. L'intégration est donc une période de risque. Voici quelques conseils pour vous y préparer au mieux.

Comment réussir la phase d'intégration ?

Il s'agit avant tout de vous fixer des objectifs variables en fonction de différentes phases.

La première journée et la première semaine

Elles doivent être consacrées tout d'abord à la mise en place de votre zone de confort. Il s'agit de renforcer vos bases au plus vite, et de répondre aux questions que vous vous posez sur les points suivants :

Votre environnement de travail

Ceci peut paraître évident, mais le fait de vous sentir attendu a un effet direct sur votre motivation. Votre confort environnemental dépend de tous les détails matériels indispensables à tout nouvel arrivant : un lieu de travail (bureau, emplacement, vestiaire, parking...), des outils de travail (ordinateur, téléphone...), des informations de base (règlement du personnel, liste téléphonique, informations sur la société, informations sur le poste) et l'ensemble des procédures administratives liées à l'arrivée dans l'entreprise (contrat de travail, visite médicale, assurances, procédures de sécurité – badges, clés...).

Votre équipe

Il s'agit pour beaucoup du premier contact avec l'équipe. L'intégration est donc un round d'observation qui permet à l'ensemble des personnes qui vont être amenées à travailler ensemble de faire connaissance, de se sonder, de s'analyser et de se construire des idées ou une image.

Il ne faut jamais négliger ce premier contact : il peut créer un *a priori* positif ou négatif qui collera à la peau pendant de nombreux mois ou années. « La première impression est souvent la bonne », a-t-on tendance à dire. Et ceci est très vrai pour cette phase.

Votre manager

Il s'agit du premier contact avec votre manager hors du processus de recrutement, celui-ci y prenant une part active dans la grande majorité des cas. Or la phase de recrutement répond à des règles spécifiques qui peuvent altérer le contact ou fausser certaines informations. Ce premier entretien est crucial, il va donc définir les règles de fonctionnement et les premiers objectifs. Il est aussi un moyen de sentir – ou valider – l'image que vous avez pu vous faire du style de management et de culture d'entreprise.

Cette validation est un objectif partagé, car c'est aussi celui du manager qui doit confirmer ses premières impressions issues d'un processus de recrutement plus ou moins long et complet.

Vos objectifs

La première semaine peut être aussi consacrée à une première discussion sur vos objectifs des premiers mois. Plus vite cette discussion arrive, plus vite vous disposerez de points de repères concrets permettant de vous mettre au travail. Une intégration sans objectifs clairs, c'est un peu comme plonger dans l'eau sans savoir ou aller. Il peut cependant aussi s'agir d'une stratégie d'intégration, résumée en anglais par *swim or sink* (nage ou coule). Si c'est le cas, c'est à vous de définir ces premiers objectifs et les faire valider par le manager.

Une telle démarche sera forcément perçue – dans ce contexte – comme une prise d'initiative positive, traduisant à la fois des capacités d'autonomie et d'action. Nous la détaillerons dans la partie consacrée au premier mois.

Votre contexte (entreprise, service, direction, département)

Cette phase permet de donner une vision à l'intégration et une autre dimension de temps. Elle permet aussi d'obtenir des informations qui donnent du sens. Ces informations portent sur les produits, l'entreprise, la culture d'entreprise, les règles, la stratégie, les résultats ou l'histoire.

La première semaine est aussi le début de votre action de « réseautage » (*networking* en anglais). Comme nous le verrons dans un chapitre suivant, il s'agit de lier des contacts avec le plus de personnes possible et de vous faire connaître. C'est une façon de vous montrer, ce qui est un des facteurs clé de succès d'une intégration.

Il ne faut pas être transparent et en attente, mais vous montrer proactif et engagé. Attention toutefois à ne pas en faire trop ! Restez vous-même et ne grossissez pas vos traits de comportement. Il faut aussi apprendre à utiliser cette candeur opérationnelle, associée au statut de « nouveau ». Lorsque l'on ne connaît pas une organisation on est perçu comme encore « neutre » et hors des jeux politiques. La candeur permet aussi de poser des questions que plus personne ne pose, ou n'ose poser. Votre statut de nouveau est donc une excellente opportunité pour obtenir des informations que d'autres plus anciens mettront des jours, voire des mois à obtenir. Ne vous privez donc pas de poser des questions, et surtout de bien intégrer et consigner les réponses. Au-delà de quelques semaines vous ne serez plus dans le même état d'esprit.

Le premier mois

Vous entrez alors dans une phase d'action qui s'articulera autour de plusieurs points, dont les objectifs et le constat d'étonnement.

Vos objectifs

Si vous n'avez pas encore d'objectifs, ce premier mois doit être l'occasion d'en proposer et de les formaliser. Les objectifs restent le point central de la performance dans les trois premiers mois. Il est donc important – comme déjà évoqué – d'avoir ces objectifs fixés le plus vite possible. En cas contraire, rien ne vous empêche de proposer vos objectifs. Pour cela il faut pouvoir répondre aux questions suivantes :

- **« Que puis-je démontrer dans les prochains mois ? »** Le nombre d'objectifs doit être limité (pas plus de deux ou trois pour cette première phase). Ne cherchez pas à trop faire, mais à bien faire. Les premières réalisations sont indispensables pour asseoir votre crédibilité. Choisissez des objectifs qui vous permettront d'utiliser au mieux vos compétences et votre expérience passées ;

- **« En quoi cet objectif est-il lié avec ma description de poste ? »** Les objectifs doivent être liés avec la façon dont vous prendrez en charge vos responsabilités. Une description de poste regroupe une liste de tâches à mener, en revanche tout poste est façonné par la personne qui l'occupe. Les objectifs donnent une orientation sur la façon dont vous aménagerez votre poste et influencerez la description de poste ;

- **« Comment vais-je prouver que j'ai atteint cet objectif ? »** Un objectif doit intégrer des mesures claires permettant de dire s'il est – ou non – atteint. Il n'y a pas d'objectifs sans mesure ! C'est un des éléments qui permet d'assurer la crédibilité des objectifs ;

- **« Quand dois-je atteindre l'objectif ? »** Il faut toujours déterminer une limite de temps (3 mois, 6 mois, 1 an). Celle-ci peut varier, mais doit être clairement définie au préalable. Cependant, cette limite de temps doit être en phase avec les pratiques de l'entreprise. Dans la plupart des cas, l'année reste l'échelle de temps dans laquelle s'inscrit la fixation d'objectif. Certaines entreprises différencient cependant les objectifs d'intégration et les objectifs annuels. Dans ce cas, si une personne intègre l'entreprise au mois d'août, elle disposera d'objectifs d'intégration sur 5 mois (jusqu'en décembre) et entrera dans le cycle normal l'année suivante ;

- **« De quoi ai-je besoin pour atteindre mes objectifs ? »** Cette question permet d'identifier les ressources nécessaires (formation, budget, support) pour atteindre les objectifs.

Au cours du premier trimestre, vous pourrez alors revoir l'avancée de votre travail et mesurer votre performance au cours d'un – ou plusieurs – entretien(s) de feedback, basé(s) en grande partie sur les objectifs.

L'autre élément important est la rédaction d'un constat d'étonnement, source d'informations et de propositions basées sur votre analyse de la situation vue au travers de votre expérience et de votre statut de nouveau.

Votre constat d'étonnement

C'est aussi une phase importante dans la démonstration de votre capacité à vous faire accepter. Le constat d'étonnement est donc un document – communiqué ou non – qui regroupe vos premiers constats et les met en phase avec votre fonction, votre rôle et vos objectifs. Il s'agit d'une photographie à un instant t d'une situation que vous percevez et analysez encore au travers d'un œil extérieur. L'avantage de cette approche est qu'elle vous permet de transformer votre non-connaissance de l'entreprise – qui apparaît de prime abord comme un inconvénient – en un point fort.

Le constat d'étonnement est souvent un outil extrêmement utile car il offre une nouvelle perspective d'analyse et permet de soulever des questions laissées de côté ou oubliées. Sa structure peut être la suivante :

- Un rappel des objectifs ;
- Le contexte ;
- Les points couverts par le constat ;
- La description de la situation : ce que vous avez vu, les questions que vous vous posez, les points d'étonnement (organisation, processus, outils…) ;
- Des propositions ou idées basées sur vos expériences passées ;
- Un plan d'action (qui vise à mettre en œuvre certaines de ces idées).

Une fois écrit, le constat d'étonnement peut être partagé mais peut aussi servir de guide pour les prochaines actions. Il sera à plus long terme un moyen pratique de mesurer ce qui a été fait aussi bien que la pertinence de l'analyse initiale.

Votre formation et votre développement

La formation et le développement sont aussi au menu de ces premiers 30 jours. Deux types de formation sont à envisager : la formation d'accueil et la formation liée à votre poste et à vos objectifs.

Votre formation d'accueil

Certaines entreprises proposent des séminaires d'accueil ou des journées de présentation de l'entreprise. Il ne faut à aucun prix les manquer, car elles constituent une mine d'informations, mais surtout permettent de rencontrer de nouvelles personnes qui, comme vous, viennent de rejoindre l'entreprise. Ce qui constitue une bonne occasion de renforcer votre réseau !

Si aucun de ces programmes n'existe, alors il faut bâtir le vôtre. Un bon programme d'intégration doit couvrir les points suivants :

- L'entreprise, son histoire, ses grands chiffres et résultats principaux. Son organisation, ses dirigeants et sa culture peuvent aussi être au menu de cette découverte ;
- Les produits : quoi, quelles cibles, les clients, les marchés et, si possible, les détails techniques accessibles ;
- Les processus clés de l'entreprise : comment fonctionne le système de performance, le système de rémunération, la gestion de projet, etc. ;
- Les outils de communication interne : où les trouver, quelles sont les informations disponibles, leur fréquence…

Ces informations sont faciles à obtenir au début, car vous disposez encore du temps et du recul nécessaires, mais aussi de la neutralité propre à tout nouvel arrivé. Votre plan d'intégration consiste donc à obtenir ces informations. Si certaines sont faciles à obtenir, d'autres vous demanderont plus d'énergie. À noter que certaines informations peuvent être obtenues avant même de rejoindre l'entreprise, les sites Internet regorgeant de ce type de données. À consulter aussi les quelques sites d'informations boursières ou effectuez tout simplement une recherche *via* un moteur de recherche en tapant le nom de la société : vous y trouverez une masse d'informations insoupçonnées.

Votre formation liée au poste

Le premier mois est le mois des premières actions, donc le mois où vous allez vous rendre compte également des besoins de développement. Gardez à l'esprit que formation n'est pas synonyme de stage, il y a des dizaines d'autres façons – plus efficaces – d'apprendre. Au cours du premier mois il faut vous concentrer sur les besoins urgents, c'est-à-dire les formations sans lesquelles vous ne pourriez pas être à l'optimum de vos performances. Outre la formation d'accueil, ce premier niveau de formation porte habituellement sur les outils à utiliser (par

exemple, les systèmes informatiques, la messagerie d'entreprise…),
mais permet aussi d'aborder des compétences indispensables à un bon
« lancement ».

Le premier mois est passé, les premières marques sont prises, voyons
comment consolider ces acquis au cours du premier trimestre.

Le premier trimestre

C'est le trimestre de la crédibilité. Il permet de fournir les premières réalisations concrètes et de consolider votre relation avec votre manager. Il
ne faut pas attendre trop longtemps pour délivrer vos premiers résultats.
L'objectif n'est pas de tout changer et bouleverser, mais juste de montrer
un aspect de ce que peut être votre valeur ajoutée. Le constat d'étonnement est le point de départ de ce travail, mais le point central reste les
objectifs fixés par le manager.

Une fois les objectifs fixés, et les premières réalisations effectuées, il est
indispensable de mettre en place un entretien de feedback avec le
manager. Cet entretien a plusieurs objectifs : donner et recevoir du
feedback, analyser les premières réalisations, faire le bilan des premiers
mois et préparer les prochaines étapes. En fin de troisième mois, l'entretien permet aussi de valider formellement la période d'essai.

Nous voici donc au bout des trois premiers mois. Le tableau de la page
suivante synthétise les points que nous venons d'évoquer.

Recrutement finalisé, période d'essai validée, intégration réussie et travail intéressant. La situation est idyllique ! Mais, attention, l'idylle ne
dure parfois qu'un temps. Et, dans notre époque chahutée, les raisons
de remettre en cause ce parfait équilibre sont nombreuses. Il y a encore
quelques années, le titre suivant n'aurait jamais eu sa place dans un
livre consacré au pilotage de votre carrière. Pourtant, aujourd'hui, il faut
préparer votre départ – potentiel – de l'entreprise avec autant d'attention que vous avez préparé votre recrutement ou votre mobilité interne.
C'est ce que nous allons voir à présent.

Mon plan d'intégration

	Avant de débuter	1re semaine	1er mois	1er trimestre
Zone de confort	Travailler sur : Le confort technique / Le confort culturel	Travailler sur : Le confort relationnel / Le confort technique	Travailler sur : Le confort situationnel / Le confort technique	Travailler sur : Le confort situationnel
Réseau	Travailler sur : Son ancien réseau	Travailler sur : Le développement de son réseau proche / La compréhension des modes de relation	Travailler sur : Son réseau proche / Les principaux clients internes (cf. objectifs)	Travailler sur : L'extension du réseau
Réalisation	Travailler sur : Ses réalisations SWOT	Travailler sur : Ses objectifs / Ses ressources	Travailler sur : Son point de vue / Son constat d'étonnement	Travailler sur : Les premières propositions / Les premières relations
Formation et développement	Travailler sur : Les besoins perçus	Travailler sur : Les actions de formation permettant de mieux comprendre l'entreprise (valeurs, produits, clients, concurrents, culture…)		Travailler sur : Le plan de formation lié aux objectifs
Crédibilité	Travailler sur : Ses réalisations / Son image	Travailler sur : Son image, la recherche d'information / L'analyse de la situation		Travailler sur : Ses réalisations / La pertinence / Le nouvel angle de vision
Management	Travailler sur : Les attentes / Le mode d'organisation souhaité / Les anciens feedback	Travailler sur : Les attentes de son manager (objectifs ET mode de travail, relations, reporting, etc.)		Travailler sur : Le premier entretien de feedback

Gérez votre départ de l'entreprise

L'époque du mariage à vie est révolue. Ceci s'applique bien sûr aux entreprises. La fidélité réciproque ne peut plus être exigée, et il faut donc envisager un nouveau mode relationnel au sein des entreprises. Cette situation ambiguë reste difficile à gérer au quotidien. Les entreprises demandent de plus en plus d'engagement (*cf.* Étape 1) mais peuvent de moins en moins offrir l'environnement qui justifierait cet engagement.

Nous sommes dans un paradoxe fondamental que tout un chacun doit désormais prendre en compte. L'entreprise doit repenser son mode de management et éviter des messages paradoxaux plus démobilisateurs que motivants, et le salarié doit monter en première ligne pour prendre les commandes de son développement en toute connaissance de cause. Ceci passe par la reconnaissance réciproque du poids de l'incertitude dans la gestion des ressources humaines. Une entreprise doit accepter – et communiquer clairement – qu'elle ne peut plus tout maîtriser. Elle doit même travailler avec ses salariés à leur reconversion, avant qu'une telle question ne se pose en termes réels. Il faut donc anticiper plutôt que gérer. Et il en est de même pour chaque salarié.

Une entreprise est un organisme vivant composé d'êtres vivants. C'est une structure poreuse qui laisse entrer et partir. Pour s'y développer, il faut constamment se préparer à la quitter en s'appliquant la maxime suivante : qui veut la stabilité prépare le mouvement…

Choisissez de partir ou de rester

Il n'y a plus que dans de très rares pays – ou contextes (l'administration) – que l'on considère l'emploi à vie comme un objectif ou une réalité. Pourtant, il suffit de voir les derniers soubresauts liés au CNE/CPE en France pour se rendre compte que le – faux – espoir règne encore, et crée malheureusement désillusions ou désespoirs. Aujourd'hui, « durée indéterminée » ne veut plus dire perpétuelle. D'ailleurs, ces deux mots n'ont jamais été synonymes, même si la stabilité économique et la culture sociale française, fortement dominée par la notion de sécurité, les ont très souvent associés.

La notion d'indéterminée contient donc une réelle composante d'insécurité, qui prend aujourd'hui sa vraie dimension. Et, de plus, la kyrielle de contrats plus ou moins clairement définis qui se développent en périphérie du sacro-saint CDI ne fait que renforcer ce sentiment en officialisant des « ghettos d'insécurité sociale » qui s'opposent aux privilégiés de l'emploi à vie ! Et l'insécurité française est d'autant plus forte qu'elle est en décalage complet avec les dogmes et les messages politiques qui, plutôt que de la reconnaître et de prendre les mesures nécessaires pour en gommer les aspects négatifs, la nient officiellement pour la renforcer factuellement.

La seule approche saine et efficace face à ce problème est la prise de responsabilité individuelle. L'entreprise ne peut plus assurer de carrières à long terme, car elle évolue dans un environnement flou. Elle subit les jeux boursiers et change continuellement pour satisfaire des objectifs uniquement financiers. Sa vision est donc filtrée par le court terme, qu'il soit lié au profit, à la stratégie, à l'organisation ou aux ressources humaines. Le relais doit donc passer de l'entreprise à l'individu.

Face à l'insécurité ambiante, il y a deux façons de vous comporter : attendre qu'une crise se produise (changement de poste, licenciement, délocalisation, fusions…) et réagir, ou vous informer et anticiper. La règle est pourtant simple : une des meilleures façons de durer est de préparer constamment votre départ en connaissant votre valeur, validant votre niveau de compétence et mesurant votre attractivité. Il y a désormais une certitude : toute personne qui débute son parcours professionnel aujourd'hui connaîtra à plus ou moins brève échéance un changement subi de poste ou de situation professionnelle. Il ne s'agit plus de risque, mais d'une certitude. Seule l'échéance et la fréquence sont inconnues. Certains ne vivront qu'une crise profonde, d'autres plusieurs. Et le fait d'être dans une entreprise et d'avoir passé avec succès l'examen de la période d'essai ne garantit en rien d'y durer.

Les doutes sont toujours présents et remontent régulièrement à la surface dès qu'une information économique évoque une fusion, un rachat, un mauvais résultat financier, des investissements hasardeux ou une nouvelle orientation stratégique. Le salarié est donc soumis constamment au stress du « vais-je durer ? » ou du « vais-je garder mon poste ? ». Et cette inquiétude est légitime. Pour vivre avec, deux approches sont possibles : la stratégie de l'autruche, faite d'ignorance et de négation de la situation, ou la mise en place d'une démarche proactive qui vise à anticiper le risque de perte d'emploi. Cette stratégie a deux visages :

- Limiter le risque d'être licencié en renforçant sa différentiation (c'est ce que nous avons vu à l'étape 3 ;

- Limiter les conséquences liées à une perte d'emploi par une démarche d'anticipation qui permette – dans ce cas – de rebondir rapidement, comme nous le verrons dans l'étape suivante.

Mais en y regardant de plus prêt, il y a aussi une autre approche. Celle de gérer votre parcours professionnel en toute autonomie et d'intégrer le choix de rester ou de partir d'une entreprise dans votre propre stratégie. Il s'agit alors de prendre l'initiative de la question !

Prenez l'initiative

La durée de vie dans un poste est de 3 à 5 ans. Et cette durée ne cesse de se réduire. Plutôt que de subir cette situation, il s'agit alors de l'anticiper. Et de se poser régulièrement la question suivante : « Dois-je rester ou dois-je partir ? »

La question de rester ou de partir est légitime et se présente régulièrement, suite à un changement de manager, un changement de poste, une nouvelle organisation ou toute autre modification du contexte économique ou social. La question est légitime et traduit une prise de conscience.

Y répondre par l'affirmative est un choix bien plus impliquant. Se poser la question permet de contrebalancer les points positifs et les points négatifs, et de préparer des scénarios différents, alors que partir suppose de prendre des risques. Et ces risques ne sont intéressants à prendre que s'ils débouchent sur des opportunités. Pour vous décider, il vous faut prendre en compte plusieurs points. Le premier est le moment où va survenir cette décision.

Intégrez la dimension « temps »

Une des premières questions à vous poser porte sur la période idéale pour quitter votre entreprise. La réponse est difficile, mais il faut cependant éviter deux écueils :

- **Rester trop longtemps** a pour conséquence de figer les compétences, figer les *a priori* et sur-développer une image. Rester trop longtemps cristallise, empêchant parfois la remise en cause et l'ouverture sur les nouveautés, les changements et les évolutions techniques. La trop grande stabilité peut être source de confort « dangereux », car isolationniste. Sans remise en cause, vous perdez notamment l'habitude de vous former, de vous analyser et de vous remettre en cause. Pourtant ces trois compétences sont cruciales en cas de crise ;

- **Ne pas rester assez longtemps** a pour conséquence de ne pas vous réaliser concrètement, de ne pas avoir plusieurs cycles de mesure de vos réalisations et de ne pas avoir géré un processus d'amélioration. C'est le règne du coup unique, pour lequel vous prenez le temps d'attendre des résultats tangibles et à moyen terme. Le risque est donc inverse à celui mentionné plus haut : c'est celui de ne jamais construire et d'assumer vos réussites et vos erreurs.

Partir d'une entreprise comporte toujours un risque. Ce risque prend des formes très variées : risque de ne pas retrouver un travail, risque d'image écornée (instabilité), risque de ne pas vous plaire dans de nouvelles responsabilités ou risque d'échec dans le nouveau poste. C'est ce que représente la courbe ci-dessous qui identifie le degré de risque en fonction de la période à laquelle pourrait survenir le départ de l'entreprise.

Partir ou rester : la composante « durée »

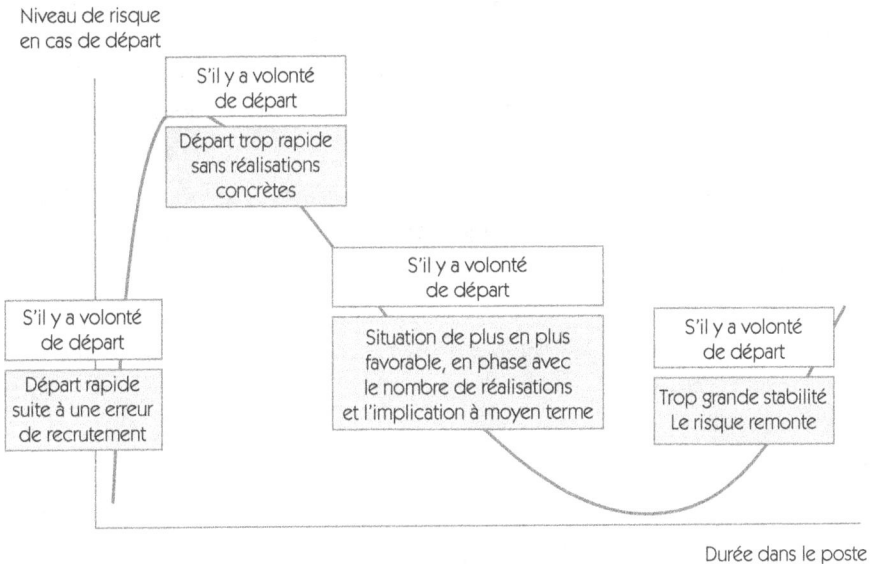

Niveau de risque en cas de départ

S'il y a volonté de départ

Départ trop rapide sans réalisations concrètes

S'il y a volonté de départ

S'il y a volonté de départ

Situation de plus en plus favorable, en phase avec le nombre de réalisations et l'implication à moyen terme

S'il y a volonté de départ

Départ rapide suite à une erreur de recrutement

Trop grande stabilité Le risque remonte

Durée dans le poste

L'adéquation du poste avec votre projet personnel

L'autre dimension à prendre en compte est l'adéquation du poste avec votre projet personnel. Le constat est simple : tant que l'entreprise offre des opportunités en phase avec votre projet personnel et votre vision, il n'y a que peu de raisons de partir. Cependant, cette analyse doit être la plus complète possible. Le tableau suivant reprend les dimensions principales à prendre en compte lorsque le moment de vous poser la question de partir ou rester sera arrivé :

- **Le style de management** et, plus généralement, l'entente entre le manager et le managé, la cohérence de vue et l'accord sur les méthodes et les façons de travailler ;

- **La teneur des objectifs, des missions et des tâches** (les objectifs sont-ils en phase avec la nature et la portée du poste, mais, plus globalement, les objectifs vous permettent-ils de vous développer et de continuer à apprendre ?) ;

- **Les valeurs de l'entreprise, son éthique et sa culture**. Il s'agit dans ce cas de voir s'il y a convergence entre votre éthique personnelle et l'éthique d'entreprise ;

- **Les opportunités de développement** et, donc, le futur dans l'entreprise. La question tournera alors autour des potentiels de promotion au sein de l'entreprise en vous posant la question de savoir si la réussite dans ce poste vous permettra de prendre de nouvelles responsabilités, où et quand ;

- **Le degré de considération et de reconnaissance**. Ce point est aussi lié au style de management, mais dépasse ce cadre. Il s'agit de mesurer la capacité de l'entreprise à reconnaître vos réussites, au-delà d'une simple question pécuniaire ;

- **L'environnement et les relations professionnelles**. C'est la qualité des relations construites dans l'entreprise, dans et au-delà de votre équipe ;

- **Le salaire** et les divers avantages associés à la rémunération.

Le choix se fait d'une manière simple : d'abord, choisissez les critères et pondérez leur importance (du plus au moins important) ; puis, pour chacun d'entre eux, demandez-vous si le degré de cohérence entre chacun de ces points et votre projet personnel est total, important, réduit ou inexistant. Plus les curseurs seront sur la droite, et plus un départ de l'entreprise sera porteur d'opportunités ; plus ils seront sur la gauche, et plus le choix de rester sera le meilleur.

Cohérence et développement futur

	Degré de cohérence avec mon projet personnel			
	total	important	réduit	inexistant
Style de management	●			
Objectifs - Missions et tâches		●		
Valeurs - Culture d'entreprise - Éthique	●			
Opportunités de développement			●	
Considération Reconnaissance		●		
Environnement Relations				●
Rémunération Avantages			●	

Évitez le syndrome de « l'herbe est plus verte ailleurs »

C'est le troisième élément à considérer avant de prendre une décision. En effet, la présence dans l'entreprise crée un effet de myopie : on grossit les problèmes que l'on rencontre et on voit l'extérieur de manière floue, voire, souvent, positivement déformée. La tendance naturelle est alors de trouver ce qui vient de « l'extérieur » toujours mieux, mieux fait, mieux organisé ou mieux rémunéré. Pourtant, nombreux sont les cas de personnes ayant quitté une entreprise pour « mieux » et qui ont rapidement été déçues d'avoir fait ce choix.

La meilleure façon de vous garantir contre la myopie est d'obtenir des informations fiables et validées de l'extérieur *via* votre réseau. Ensuite, il vous faut mener l'analyse précédente, mais par rapport au poste visé et non plus celui occupé. C'est alors une démarche prospective. La méthodologie et le tableau évoqués ci-dessus restent valides :

- Identifiez les critères ;
- Priorisez-les ;
- Validez, pour chacun d'entre eux, le degré de cohérence avec votre projet.

Le challenge est lié à l'obtention de l'information. L'analyse de la situation courante est simple puisque les informations sont accessibles directement. Pour ce qui est d'une opportunité future, il faudra vous fier au réseau et aux diverses sources d'informations accessibles *via* la presse et Internet.

Une fois ces différents critères pris en compte, il vous reste à en considérer un dernier, et pas le moins important : « Puis-je trouver mieux ? » En d'autres termes, est-ce que des entreprises seraient potentiellement intéressées par mon profil. C'est un des points critiques de la gestion de votre carrière. Il s'agit de vérifier de manière régulière l'intérêt que vous pouvez susciter sur le marché de l'emploi.

Testez le marché

Le marché de l'emploi est un marché qui est structuré comme un autre : il y a la loi de l'offre et de la demande, la concurrence ou les critères de prix. Il y a aussi des règles de marketing individuel telles que celles que nous avons évoquées à l'étape 3.

Pour vivre avec la concurrence et vous faire connaître du marché, il faut vous faire connaître, tester et séduire. Ceci peut prendre plusieurs formes :

- **L'information passive** vous permet de vous informer sur le marché de l'emploi : il s'agit de mener une veille régulière permettant de savoir qui recrute ou/et quel type de profil. C'est un moyen de rester au courant des tendances du marché. Cette veille peut se faire *via* la presse généraliste, la presse spécialisée, les agences de recrutement ou votre réseau ;

- **La démarche active** qui consiste à postuler à des offres d'emploi, et ceci de façon active (suite à des annonces dans la presse), de façon spontanée ou en acceptant le contact avec des chasseurs de têtes.

Entrer dans un processus de recrutement présente plusieurs avantages :

- Vous mesurez la pérennité de vos compétences ou identifiez les zones de développement futures ;

- Vous développez votre réseau par la mise en relation avec de nouvelles personnes (recruteurs, responsables des ressources humaines, managers…) ;

- Vous vous entraînez à passer des entretiens de recrutement, et donc vous « gardez la forme » ;

- Vous validez l'intérêt que pourrait avoir un employeur potentiel et vous vous rassurez sur sa valeur ou ses compétences ;
- Vous vous mesurez à une concurrence et en tirez des conclusions sur vos forces et vos faiblesses. Cette analyse peut ensuite nourrir un plan de développement individuel et vous amener à prendre des décisions en matière de formation ;
- Vous trouverez, peut-être, une opportunité intéressante.

Il ne s'agit pas non plus de vous lancer dans une course aux entretiens. Votre mouvement doit aussi prendre en compte le mode de fonctionnement de l'entreprise : une entreprise très changeante créera des opportunités nombreuses et de manière régulière. Elle privilégiera les démarches actives et une performance rapide, alors qu'une entreprise très stable valorisera la réalisation dans un même poste, tout en offrant des possibilités de développement et de formation. En revanche, un contact formel avec le marché de l'emploi au moins une fois par an peut être un moyen intéressant de vous en faire une idée. Ce type de démarche devient de plus en plus important en fonction de votre ancienneté dans le poste et/ou dans l'entreprise. À noter que cette démarche peut aussi s'appliquer à des candidatures internes. Il s'agit dans ce cadre d'être à l'écoute des projets porteurs (par leur importance stratégique, leur visibilité, l'aspect innovant) ou des opportunités de poste qui pourraient constituer une alternative intéressante. Finalement, cette approche s'apparente à la stratégie du joueur d'échec qui consiste à toujours avoir plus d'un coup d'avance dans la partie qui pourrait parfois se résumer de la sorte : quand on rejoint un poste, c'est pour préparer le prochain.

Maintenant que le choix est fait, le processus enclenché, voire finalisé, il vous faut gérer la phase de transition et, au même titre qu'il fallait être attentif à votre arrivée dans l'entreprise, il faudra être attentif à la façon de partir !

Gérez les transitions

Cela va dépendre du contexte du départ.

Votre départ est volontaire

Un départ volontaire est un départ initié par l'employé. Il s'apparente souvent à une démission, même si celle-ci peut être la résultante d'une transaction entre l'entreprise et le salarié et donc ne pas être uniquement une décision individuelle.

En cas de vraie démission non sollicitée, plusieurs actions doivent faciliter la transition :

- **Aidez votre successeur.** Quel que soit le contexte, il est de la responsabilité du partant d'aider la transition et le passage des dossiers. C'est à la fois une démarche saine et utile, car elle vous permet de montrer ce qui a été fait, d'en assurer une forme de pérennité et de bâtir des liens avec votre successeur qui pourront perdurer après votre départ de l'entreprise ;

- **Conservez votre réseau.** On ne quitte jamais totalement une entreprise, car la logique du réseau et des relations vous amènera forcément à garder des contacts plus ou moins proches ou réguliers avec votre ancien employeur. Ces contacts vous permettront – comme nous le verrons plus en détail dans la partie consacrée au réseau – de maintenir le contact et rester informé. Il vous sera toujours utile de maintenir un lien vous permettant d'avoir accès à l'information. Celle-ci pourra s'avérer utile dans le cadre de projets futurs ou de benchmarking (analyse et comparaison d'informations concurrentielles). De même, vos anciens collègues pourront vous conserver dans leur réseau et vous solliciter ;

- **Enrichissez votre auto-analyse et votre CV.** Une fin de poste constitue toujours une excellente opportunité de vous arrêter sur vos réalisations, vos réussites et vos échecs. Il vous faut également revoir votre CV et l'actualiser en intégrant vos dernières responsabilités (si cela n'a pas été fait auparavant, lors de la phase de recrutement) ;

- **Conservez des informations.** Il ne faut pas partir les mains dans les poches, mais conserver des copies des documents sur lesquels vous avez travaillé. Ceux-ci pourront servir plus tard dans vos nouvelles responsabilités. Attention, cependant, à respecter les diverses clauses de confidentialité auxquelles vous seriez soumis *via* votre contrat de travail, ou certaines de ses annexes ;

- **Ne partez pas fâché,** car la colère est mauvaise conseillère.

Votre départ est involontaire

Il s'agit alors d'un licenciement ou d'une démission fortement suggérée et négociée. Dans ce cas, la première chose à faire est de gérer la déception, voire la colère. Ce type de départ est traumatisant, il entraîne de nombreuses remises en question et des périodes de doutes. Cependant, le sentiment de colère ne débouche que très rarement sur des actions efficaces. C'est ainsi que – dans ce cadre – la phase de transition est avant tout un moment de relativisation. Cette relativisation passera par deux phases :

- **Listez les réalisations positives** (il y a toujours des points positifs), non seulement les actions conduites et les projets menés à bien, mais aussi les apprentissages réalisés (ce que vous avez appris sur vous, sur vos préférences, vos forces, vos faiblesses, votre zone de confort ou vos attentes) ou les compétences développées ;

- **Développez une analyse critique et réaliste de la situation** : pourquoi devez-vous partir ? Quelles leçons garder ? Vos échecs ? Pourquoi, dans quelle situation ? Cette réflexion vous permettra d'éviter de reproduire la situation qui a conduit à cette conclusion, et donc de sortir renforcé d'une expérience au demeurant négative.

La relativisation sera d'autant plus aisée qu'elle se fera dans un environnement stable et protégé. C'est dans ce contexte de crise que les appuis familiaux et amicaux sont très utiles car ils vous évitent de vous centrer sur cette situation, mais aussi permettent de l'analyser sous d'autres angles et avec d'autres perspectives. La relativisation reste un travail d'équipe, mené avec votre famille et vos proches.

Une fois la situation acceptée et « digérée », il vous faudra passer à l'action, ou plutôt la réaction. Ceci supposera alors de :

- Retravailler votre CV en y intégrant votre dernière expérience ;
- Lister vos forces et faiblesses, vos compétences acquises et, plus généralement, reprendre votre démarche de différentiation évoquée dans les pages précédentes ;
- Segmenter et cibler, le ciblage devant intégrer votre expérience passée. En effet, toute expérience permet d'affiner le type d'entreprise, d'environnement ou de contexte dans lequel vos capacités s'expriment le mieux ;
- Et finalement, attaquer le marché !

Il vous faut, enfin, constamment garder à l'esprit que toute remise en cause est positive et que « tout ce qui ne nous tue pas nous rend plus fort », comme l'affirmait justement Nietzsche.

Étape 5

Apprenez à tenir la distance

Ou comment vous former efficacement

> *« Si vous trouvez que l'éducation coûte cher,*
> *essayez l'ignorance. »*
> Abraham Lincoln

Le parcours professionnel est avant tout une course de longue haleine. Il faut donc l'aborder comme telle, avec une préparation, un entraînement régulier et des compétitions ! Les compétitions sont faciles à trouver, il s'agit de toutes les fois où vous serez face à un challenge professionnel vous demandant de vous surpasser. La réussite part avant tout de l'anticipation. La durée, elle, ne s'obtient que par le développement.

On le répète presque partout, la formation est l'un des éléments les plus importants dans la construction d'un parcours jalonné par la réussite de vos initiatives. Mais avant d'être un facteur de réussite, la formation reste un facteur anti-échec. Elle se divise habituellement en deux catégories : la formation initiale et la formation continue.

La chasse aux idées reçues en matière de formation initiale ou continue

Avant de rentrer dans le détail des stratégies de développement individuel – et de la formation continue –, faisons un rapide point sur quelques questions de base en matière de formation :

- **Première question : à quoi sert un diplôme ?** Nous évoluons dans un système assez particulier qui s'est articulé autour du bac. Je lisais récemment dans la rubrique « Courrier des lecteurs » d'un journal, la lettre d'une jeune femme qui se plaignait d'être bac + 7 et qui ne trouvait pas de travail. Triste constat pour une triste réalité : la valeur d'un diplôme ne se mesure plus en années d'études mais par les points suivants : son adéquation avec les attentes des entreprises, sa capacité à « fournir » une formation opérationnelle et au réseau qu'il permet de rejoindre.

Et pourtant, on parle encore de bac « plus », comme s'il y avait une hiérarchie des diplômes construits sur le seul critère de durée et de dépassement du niveau du bac. Voilà qui a détruit des générations de diplômés ! Un CAP bien ciblé vaudra – pour une entreprise – mille fois mieux qu'un doctorat en lettres modernes.

- **Deuxième question : un diplôme donne-t-il des compétences ?** Un diplôme ne donne que très rarement des compétences (hormis dans le cas de l'apprentissage que nous évoquerons plus bas) ; en revanche, il permet d'accéder à un certain nombre de savoirs et de les mettre en pratique dans des contextes « protégés » (stages, études de cas…). C'est pourquoi, à partir du moment où la pratique réelle est considérée comme le seul moyen de développer une compétence, la montée en puissance de l'alternance et l'apprentissage pour tous les diplômes constitue une opportunité de développement intéressante qui dépasse le simple cadre académique.

Une fois la formation initiale terminée et le diplôme en poche, commence le plus difficile. L'arrivée des jeunes diplômés en entreprise peut être source de grandes surprises et de désenchantement. Ils se retrouvent dans un environnement bien plus dur que celui espéré, et bien moins « reconnaissant » de la prédominance des diplômes – jusqu'alors présentée comme un sésame absolu ! Je suis encore surpris d'entendre des jeunes en entretien de recrutement répondre à la question « pourquoi devrais-je vous recruter ? » par une réponse du type « parce que je suis diplômé de X ou Y, ou parce que j'ai bac + 5, 6 ou plus ». Non, la formation initiale – quelle que soit sa qualité – n'est pas un produit miracle anti-chômage. Elle est encore moins une garantie de réussite. Elle peut donner des bases intéressantes, et quelques ingrédients, mais la recette dépend de chacun et de chacune. Une formation non entretenue, non développée ni constamment remise en cause ne sert à rien ! Nous sommes entrés dans l'ère de la responsabilité individuelle en matière de développement et plus largement d'employabilité.

- **Troisième question : comment repenser la formation continue ?** Le Larousse définit la formation continue comme une *« formation professionnelle destinée aux salariés des entreprises »* et la formation professionnelle comme « *l'ensemble des mesures adoptées en vue de l'acquisition ou du perfectionnement d'une qualification profession-nelle pour les travailleurs, prises en charge – en France – par l'État et les employeurs* ». Si ces définitions brillent par leur clarté on peut légitimement se demander si elles sont adaptées à la réalité économique actuelle et surtout future.

En effet, plusieurs aspects seront remis en cause dans les années à venir dont : la prédominance de l'État et des employeurs dans le choix et le développement des actions de formation professionnelle, la formation professionnelle devant désormais être comprise et gérée comme un capital individuel de savoir, qui croise parfois les intérêts économiques d'une entrepris ou d'un employeur ; l'acquisition ou le perfectionnement d'une qualification professionnelle, ce terme restant très restrictif, car encore largement influencé par une vision simple de la qualification professionnelle. Cette simplicité vient d'une approche qui tendrait à faire une différence entre qualification professionnelle et « autres » qualifications. Or la complexité actuelle tend à rendre caduque cette séparation, car cette dernière reste très fortement marquée par la dimension technique de la qualification et nous savons désormais que la dimension technique – si elle reste importante – doit de plus en plus être relativisée au regard des compétences comportementales et adaptatives – bien plus utiles et difficiles à développer que les « simples » savoirs techniques.

Ainsi est-il nécessaire d'analyser la formation professionnelle ou continue sous un autre angle : celui du développement individuel permanent, qui regroupe l'ensemble des actions qu'une personne (quels que soient son poste, son niveau de formation initiale, son métier d'origine ou sa culture) devra mener pour faire croître son capital d'employabilité, dans et hors de l'entreprise. Ceci suppose avant tout que la formation ne soit plus considérée comme le pré carré des académiques (formation initiale), des organisations syndicales et des entreprises (formation professionnelle), mais comme un état d'esprit individuel, part entière de la culture personnelle. C'est pour cette raison qu'à partir du moment où une personne peut dire ou penser qu'elle n'a pas besoin de formation, elle peut être considérée comme étant sur le déclin et proche de son niveau d'incompétence.

Apprendre est – et sera toujours – difficile, car cela prend du temps et de l'énergie. Cependant une journée sans apprendre est une journée de perdue. Apprendre reste la pierre angulaire du développement et, au-delà, de l'employabilité. C'est le moyen de rester dans la course, qu'elle que soit la configuration du terrain !

Mesurez votre degré d'employabilité

Qu'est-ce que l'employabilité ?

L'employabilité est la capacité d'un salarié à conserver ou obtenir un emploi, dans sa fonction ou dans une autre fonction, à son niveau hiérarchique ou à un autre niveau, dans son entreprise ou dans une autre entreprise. C'est en quelque sorte la valeur ou la côte professionnelle d'une personne.

Ce concept existe depuis déjà de nombreuses années, mais a pris des formes différentes selon qu'il est défini en France ou hors de France. En effet, le système de formation professionnelle français, a longtemps fait dépendre cette notion d'employabilité de l'entreprise. Au-delà des frontières françaises, ce concept reste plus du domaine de la prise de conscience et de la responsabilité individuelle.

Une chose est sûre : limiter l'employabilité à une responsabilité d'entreprise reste une illusion, voire une escroquerie. Car employabilité rime avec long terme, prospective et vision personnelle. Et dans un environnement économique soumis aux contraintes du court terme, ces notions sont parfois incompatibles avec une performance d'organisation. Très peu d'organisations ont un niveau de maturité assez important pour permettre de voir dans et en dehors de l'entreprise en même temps. Car l'employabilité doit intégrer une démarche qui dépasse les frontières de l'entreprise, et celle du temps « utile » dans l'organisation.

Ce dernier point constitue donc un vrai challenge, car, pendant de nombreuses années, l'idée d'employabilité a été comprise comme incompatible avec celle de loyauté envers l'entreprise. Dans les pays anglosaxons, les deux concepts peuvent en revanche être associés, car la promesse – ou l'illusion – de l'emploi à vie n'existe plus depuis très longtemps. Garder un salarié, c'est donc aussi lui garantir que si – ou quand – il y a rupture de la relation avec l'employeur, sa valeur sur le marché sera au moins aussi importante (voire plus) qu'avant son arrivée dans l'entreprise. C'est une véritable démarche de développement du capital professionnel, au sens littéral du terme.

Comment la mesurer ?

Pour être viable, l'employabilité doit associer deux dimensions : celle du niveau de valeur professionnelle, et donc votre capacité à être facilement « employable » (de par vos compétences et expériences, votre profil ou votre nature) et celle de la loyauté, qui se résume par la capacité à vouloir rester dans l'entreprise – et ceci malgré des sollicitations externes dues au niveau d'employabilité. En effet, plus une personne dispose d'une valeur professionnelle, plus elle sera soumise à des offres venant d'autres entreprises. Le tableau ci-dessous reprend ces éléments et propose quatre profils différents :

Quel profil pour quel avenir ?

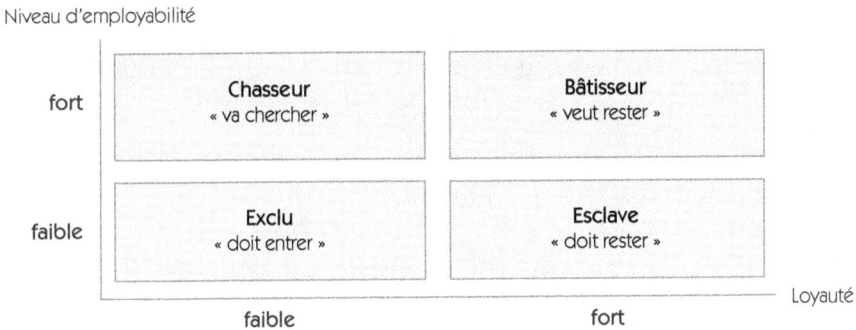

Niveau d'employabilité

	Loyauté faible	Loyauté fort
fort	**Chasseur** « va chercher »	**Bâtisseur** « veut rester »
faible	**Exclu** « doit entrer »	**Esclave** « doit rester »

- **Le chasseur**. Il a un fort niveau d'employabilité, mais une faible loyauté. C'est un opportuniste, à l'affût des meilleures propositions. Sa force : ses compétences, son réseau, sa mobilité. Sa faiblesse : trop de mobilité peut impacter sa performance, et donc son niveau d'employabilité. Il doit éviter le changement de trop. Ce profil peut être très utile, mais doit être manié avec précaution. Il s'agit alors de préparer des plans de back-up pour atténuer les effets d'un – probable – départ ou de chercher des moyens de stabiliser le « chasseur » en comprenant mieux les motifs de sa non-loyauté ;

- **Le bâtisseur**. Il combine loyauté et performance/employabilité. Il sait qu'il peut partir, mais veut rester. L'entreprise est en phase avec ses objectifs personnels. Il construit – pour l'instant – dans la durée. Sa force : connaissance, réseau interne, crédibilité, expertise organisationnelle. Son risque : l'enracinement ;

- **L'exclu**. Il ne combine ni l'un, ni l'autre. Il ne se différencie pas, et donc souffre d'un manque d'employabilité, par manque de performance ou d'expérience. Il est en situation de devoir entrer plutôt que rester. Son challenge : entrer à tout prix, puis construire son employabilité *via* la loyauté.

- **L'esclave.** Mot très dur, qui caractérise une loyauté forcée et un manque d'employabilité. Il s'agit de situations qui peuvent s'apparenter à la dépendance : « Je *dois* rester dans l'entreprise. »

En matière de carrière, l'employabilité est un principe fort. C'est le regroupement de nombreux concepts auxquels nous avons fait référence dans les pages précédentes. C'est à la fois une méthode et un état d'esprit, des outils et une culture. Et comme tout état d'esprit, l'employabilité est affaire de motivation individuelle et de choix. La méthode et les outils ne viennent qu'ensuite. Celui qui ne « veut pas » ne sera jamais à son niveau optimum d'employabilité, et sera encore moins enclin à la maintenir ou la développer. Par contre, à partir du moment ou la volonté entre en jeu, la mise en œuvre des méthodes et des outils en sera grandement facilitée.

L'entreprise restera cependant toujours un partenaire de cette démarche, mais son engagement répondra à des objectifs différents ; il y a encore quelque temps – voire encore actuellement – l'entreprise investissait dans la formation pour deux raisons : la performance économique et l'obligation légale. Demain cette dernière devrait disparaître et faire place à un nouveau contrat social, mélange de politique de recrutement et de rétention (attirer et garder les meilleurs) et de volonté de développement individuel.

Privilégiez votre développement personnel

« Un homme n'est pas bon à tout, mais il n'est jamais propre à rien. »

Proverbe chinois

Pour réussir il faut donc maintenir vos compétences à leur niveau optimal. Pendant de très nombreuses années, l'acception généralisée était que l'Éducation nationale, puis l'entreprise étaient responsables de ce rôle. La France dispose de lois en matière de formation professionnelles parmi les plus élaborées et contraignantes au monde. Et ceci traduit une vision particulière de cette question : la formation est affaire de législation, d'entreprise et de relations sociales.

Or, la formation, c'est bien autre chose. C'est un investissement sur l'avenir, pour l'avenir et par l'avenir. C'est le seul acquis qui ne puisse jamais être supprimé et c'est un concept fondamentalement individuel. Que la loi facilite cette démarche est un bien. Que la loi s'y substitue est une erreur.

Parce que le monde est plus complexe et certainement moins sûr, et parce que la carrière à vie est un concept éculé, l'entreprise ne peut plus assurer seule – sur la base de ces critères – le développement et la formation. Parce qu'une carrière va de plus en plus déboucher sur des changements de lieux, et de pays, une loi ne peut plus être le point de référence principal. Et, enfin, parce que la naïveté n'est plus de mise, la formation doit désormais être considérée comme une démarche indivi-duelle de capitalisation. En outre, comme toute démarche d'investisse-ment, elle doit s'appuyer sur une analyse précise des enjeux, moyens et gains potentiels.

Qui est responsable de quoi ?

La question de la formation met en rapport trois dimensions : celle de l'individu (ce que vous êtes, vos valeurs, votre projet), celle de sa situa-tion présente (votre travail, poste, expertise, entreprise) et celle de son futur (votre prochaine étape, vos désirs et besoins, votre projet). Les responsabilités en matière de formation peuvent donc varier, prenant en compte la relation entre l'individu et sa situation, sa situation et son projet futur, et l'individu et son projet futur. C'est ce que montre le schéma suivant :

Les différentes dimensions de la formation

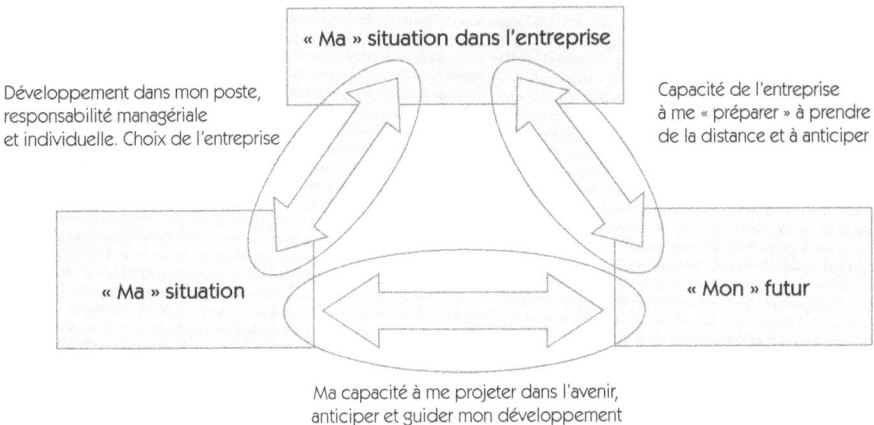

« Ma » situation dans l'entreprise

Développement dans mon poste, responsabilité managériale et individuelle. Choix de l'entreprise

Capacité de l'entreprise à me « préparer » à prendre de la distance et à anticiper

« Ma » situation

« Mon » futur

Ma capacité à me projeter dans l'avenir, anticiper et guider mon développement

- Dans le premier cas (individu/situation présente), la formation aide à votre développement dans votre poste et se trouve sous la responsabilité principale de votre manager et de votre entreprise. Elle s'inscrit souvent dans une discussion annuelle sur le développement et est soumise à des contraintes de choix et de budget. Son efficacité se mesure en rapport avec vos performances dans le poste ;

- Le deuxième cas met en rapport le présent et le futur professionnel. La formation a, dans ce cas, pour vocation à préparer les compétences de demain. Un chef des ventes a été identifié comme potentiellement « promotionnable » à un poste de directeur régional, il n'a pas de compétences particulières en matière financière (elles ne sont pas requises dans le poste), mais la maîtrise de la finance est indispensable pour le prochain poste. La formation est donc préventive et anticipative. Son évaluation se fera sur un mode particulier, puisqu'elle ne débouchera pas forcément immédiatement sur une mise en pratique ;

- Le dernier cas confronte l'individu et son projet. Dans ce cas la formation est vécue comme un moyen de se développer en phase avec un projet personnel, et non plus des exigences professionnelles. La responsabilité est donc avant tout individuelle, tant en matière d'identification, de décision que de ressources.

Quel que soit le scénario à utiliser, une démarche de formation part d'une analyse préalable de vos forces, de vos faiblesses, des opportunités et des risques encourus. En anglais, cette matrice porte le nom de SWOT pour *Strenghts* (forces), *Weaknesses* (faiblesses), *Opportunities* (opportunités) et *Threats* (menaces).

Construisez votre matrice SWOT

> *« Tous ceux qui sont habitués au succès sont plein d'astuces pour présenter toujours leurs défauts et leurs faiblesses comme de la force apparente : ce pourquoi ils doivent les connaître particulièrement bien. »*
> Friedrich Nietzsche (dans Humain, trop humain)

Le point de départ de toute démarche de formation est de savoir d'où vous partez. C'est l'objectif de l'analyse SWOT. Pour la mener à bien, il suffit de vous poser quatre questions :

- **Quelles sont mes forces ?** Il s'agit de lister ici ce que vous faites bien, vos réussites tangibles, mais aussi le contexte ou l'environnement dans lesquels ces réussites se sont passées. Il s'agit alors d'anticiper des changements et de mesurer votre capacité à reproduire les succès ;

- **Quelles sont mes faiblesses ?** Quels ont été vos échecs et les raisons qui vous ont poussé à échouer ? Au-delà des échecs, il faut également prendre en compte ce que vous n'aimez pas faire (votre zone de non-préférence), aussi bien que vos manques, lacunes techniques ou lacunes comportementales ;

- **Quelles sont les opportunités liées à ma situation ?** Nous entrons ici dans le domaine prospectif. Il concerne ce que vous voudriez faire, ou pourriez faire, compte tenu de l'évolution de votre environnement ou de votre contexte personnel. Il s'agit alors de parler en terme d'intérêts, d'extension du champ de compétence, ou de souhaits. Cette partie reflète aussi les points positifs que vous percevez dans l'évolution d'une situation. Par exemple, un changement de manager peut être synonyme de nouvelles responsabilités ou de nouvelles méthodes de travail à intégrer. La démarche « opportunités » doit se construire sur vos acquis, qu'ils soient actuels ou passés (dans le cadre de responsabilités passées) ;

- **Qu'est-ce qui pourrait m'empêcher de faire ce que je souhaite faire ?** Les opportunités ne seraient rien sans les risques associés. C'est ce qu'il vous faut identifier dans ce dernier carré. Quelles sont les menaces encourues, et comment se définissent-elles ? Elles peuvent prendre plusieurs formes : remise en cause de l'équilibre vie professionnelle/vie privée, prise de risques importante, besoin de nouvelles compétences non maîtrisées, problèmes de crédibilité…

Une fois la matrice SWOT finalisée, plusieurs conclusions peuvent être tirées :

La matrice SWOT

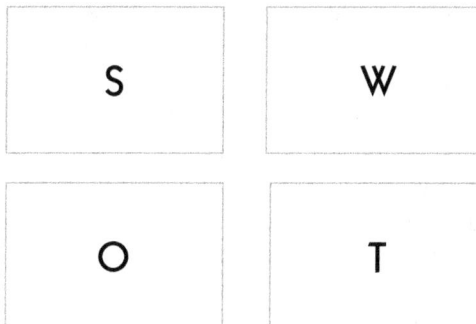

S	W
O	T

- **Y a-t-il un équilibre entre les forces et les faiblesses ?** En cas de déséquilibre en faveur des faiblesses, il vous faut envisager les actions à mener pour revenir à l'équilibre. Ces actions prennent la forme de nouvelles initiatives professionnelles, de développement de compétences présentes, ou d'acquisition de nouvelles compétences ;

- **Quel est le rapport entre les menaces et les opportunités ?** En d'autres termes, y a-t-il un intérêt à bouger, changer ou évoluer ? De trop grands risques mis en rapport avec de faibles opportunités peuvent constituer un facteur bloquant et un indicateur de stabilité plus que de mouvement ;

- **Le dernier point d'analyse est le rapport entre forces/faiblesses et opportunités/risques.** Il s'agit de vérifier la cohérence entre votre situation présente (représentée par ce que vous savez faire et ce que vous ne savez pas faire) et la situation future. Il s'agit dans ce cas de voir si les forces en présence permettent de capturer les opportunités et si les points faibles ne risquent pas de bloquer certaines initiatives.

Une fois que votre « portrait » pédagogique est réalisé, il convient alors de vous pencher sur le champ d'apprentissage.

Quoi et comment apprendre ?

> *« Une série de tests de compétences épars, additionnés, juxtaposés*
> *ne constitue ni une formation cohérente*
> *et encore moins une "éducation". »*
>
> Claude Allègre (ancien ministre de l'Éducation nationale)

Acceptez d'apprendre

Cela peut paraître simple, mais l'apprentissage est un acte naturel pendant les premières années de la vie, qui devient de plus en plus complexe au fur et à mesure de la croissance. Une fois l'âge adulte atteint – et parfois en phase avec de hautes responsabilités –, le goût pour l'acte d'apprendre devient de moins en moins prononcé, faisant place à une forme d'autosuffisance qui laisse place au règne du « j'ai de l'expérience, donc je sais ». Et pourtant, une des seules façons de développer votre capital de crédibilité, d'employabilité et de performance est d'apprendre sans cesse. Pour cela, il faut varier à la fois les opportunités et les moyens d'apprendre.

Mais, même si tous ces facteurs sont réunis, il y en a un qui est encore plus vital : avoir envie d'apprendre. Et cette envie tend à disparaître, non pas avec l'âge, mais avec la prise de responsabilités. Pour la conserver, il faut à la fois pratiquer et s'impliquer. S'impliquer consiste à développer un état d'esprit qui soit constamment centré sur la recherche de l'innovation et la remise en cause des connaissances acquises. L'important est d'accepter de ne pas tout savoir, alors que les exigences actuelles de l'entreprise vont cependant vers un besoin de maîtrise absolue et immédiate de tous les sujets. Entrer dans cette logique c'est perdre du recul, et la perte de la capacité à prendre du recul empêche une analyse critique et réelle de la situation. Elle empêche encore plus profondément une démarche de formation, puisque, pour être efficace, cette dernière doit s'appuyer sur une volonté de vous remettre en cause.

Le secret, c'est donc la volonté et la remise en cause. C'est donc la valorisation du mouvement et de l'incertitude positive, plutôt que celle de la stabilité et de la sécurité bloquante. Désormais, la volonté doit rencontrer l'action, et en matière de formation, l'action peut prendre plusieurs formes.

Comment faire ?

Alors que l'enfant apprend *via* de multiples sources et moyens, l'adulte en entreprise considère encore que l'apprentissage passe par la participation à un stage. Or, quitte à faire peur à certains, l'endroit ou l'on apprend probablement le moins est le stage ! Il est un moyen de vous poser des questions, d'obtenir quelques réponses, d'ouvrir votre réseau, d'obtenir de nouvelles idées... mais c'est tout. L'apprentissage est en fait une alchimie complexe, faite de formation, de pratique, d'erreurs, d'exemples, de réflexion et de travail individuel.

Au même titre que la prise de poids peut rendre l'exercice physique plus difficile, la prise de responsabilité rend la volonté d'apprendre de moins en moins forte. Et, dans ce cas, le risque est d'entrer dans le cercle de l'incompétence si bien décrit par Laurence J. Peter (psychologue canadien) sous la forme suivante : *« Dans une hiérarchie, tout employé a tendance à s'élever au niveau de son incompétence. »*

Apprendre c'est donc :

- **Vous confronter à de nouvelles idées/technologies/comportements**. Cette confrontation ne portera cependant ses fruits que si elle est accompagnée d'une analyse permettant de garder les points positifs applicables immédiatement et de conserver les autres pour une éventuelle utilisation ultérieure ;

- **Vous poser de - bonnes - questions**. L'apprentissage est affaire de questions plus que de réponses. Il faut constamment vous poser des questions relatives à vous ou à l'exercice de vos responsabilités. L'apprentissage est une capacité à vous mettre sans cesse en situation d'interrogation et de doutes, tout en produisant des actions tangibles et porteuses de performance. C'est donc un subtil mélange de doute et de certitude ;

- **Faire, échouer et réussir**. *« Le succès, c'est la hauteur à laquelle vous rebondissez quand vous avez touché le fond »*, disait le général Patton. Échouer est une des meilleures façons d'apprendre, car les meilleures leçons sont celles tirées des erreurs commises en situation d'action.

Cependant l'échec n'a de valeur pédagogique que si ce dernier est suivi d'une phase de réflexion qui permet de vous poser les questions suivantes : pourquoi ai-je échoué ? L'échec est-il dû à un manque de compétence, à un changement de contexte, à une trop forte prise de risque ou à un événement imprévisible ? Comment éviter de reproduire la même situation ? Quelles leçons tirer de cet échec en termes de besoins, de formation ou d'appui ? Il ne faut donc pas avoir peur de « ne pas réussir ». La peur de l'échec est la meilleure façon de ne rien tenter, et donc de ne rien atteindre. Pour vous développer, il vous faut éviter de rester toujours dans le domaine du « maîtrisé » pour essayer des options plus innovantes, bien que parfois plus risquées.

C'est pourquoi de plus en plus d'entreprises valorisent la prise de risque, mais cette valorisation n'est possible que si l'échec est considéré comme une probabilité, et non une impossibilité. Ceci demande une certaine maturité en terme de management et d'organisation, ainsi qu'une capacité à aider les employés à apprendre par l'action et par la prise de risque. Ceci dépend donc aussi de la personnalité du manager, qui devra avoir une attitude constructive par rapport à la prise de risque, et ne pas bloquer les initiatives par des exigences de résultats irréalistes. Alors que la meilleure façon de bloquer toute initiative est d'exiger la perfection, la meilleure façon de générer la créativité est de favoriser la prise de risque et de construire un système qui permette de bâtir un modèle de succès à partir des échecs. Enfin, la prise de risque ne s'accommode pas du tout d'une démarche d'évaluation scolaire basée sur la distribution de bonnes ou mauvaises notes ! Il est donc indispensable de penser le système de management de la performance (fixation d'objectifs, évaluation) pour qu'il intègre ce facteur ;

- **Comprendre ce qui s'est passé.** Agir, c'est bien, mais essayer de comprendre ce qui s'est passé, pourquoi et comment, c'est mieux. L'analyse *a posteriori* vous permet de vous arrêter sur des réalisations concrètes, sans être influencé par les sentiments ou la pression du temps. Pour chaque projet majeur, il est très utile de faire un bilan *post mortem* permettant de lister :

– Ce qui a marché et pourquoi,

– Ce qui n'a pas marché et pourquoi,

– Ce qu'il aurait fallu faire pour améliorer vos résultats,

– Ce qu'il faudra reproduire la prochaine fois,

– Ce qu'il faudra éviter la prochaine fois ;

- **Intégrer, adapter et restituer.** Il y a une grande différence entre apprendre et copier. Copier consiste à reproduire à l'identique quelque chose, alors qu'apprendre consiste à reproduire, adapter et améliorer. Un bon apprentissage s'appuie sur la prise d'autonomie, alors que la copie reste du domaine de la dépendance par rapport au modèle original. C'est pour cette raison qu'apprendre prend du temps, passant parfois du stade de la reproduction (qui est le début de tout apprentissage) pour ensuite passer à celui de l'adaptation. Cette transition permet une prise de risques calculée, facilitant la gestion des erreurs ;

- **Faire partager aux autres**. C'est le degré ultime de l'apprentissage, qui permet d'enseigner ce que vous avez appris, et ceci permet d'apprendre deux fois. Pour passer à ce stade, il vous faut bien sûr parfaitement maîtriser le sujet, mais aussi disposer des compétences pédagogiques qui contribuent à rendre le sujet accessible.

Le schéma suivant reprend les différents niveaux d'apprentissage, passant du domaine du savoir (je sais), à celui de la compréhension (je maîtrise les tenants et les aboutissants et l'environnement), puis par la capacité à reproduire (je refais à l'identique), pour terminer par la mise en application dans un contexte différent, supposant une capacité d'analyse plus développée et une prise de liberté par rapport aux règles initiales utilisées dans la phase de reproduction. Le dernier stade est celui de l'enseignement qui consiste à faire partager vos savoirs et de les rendre disponibles.

Les différents niveaux d'apprentissage

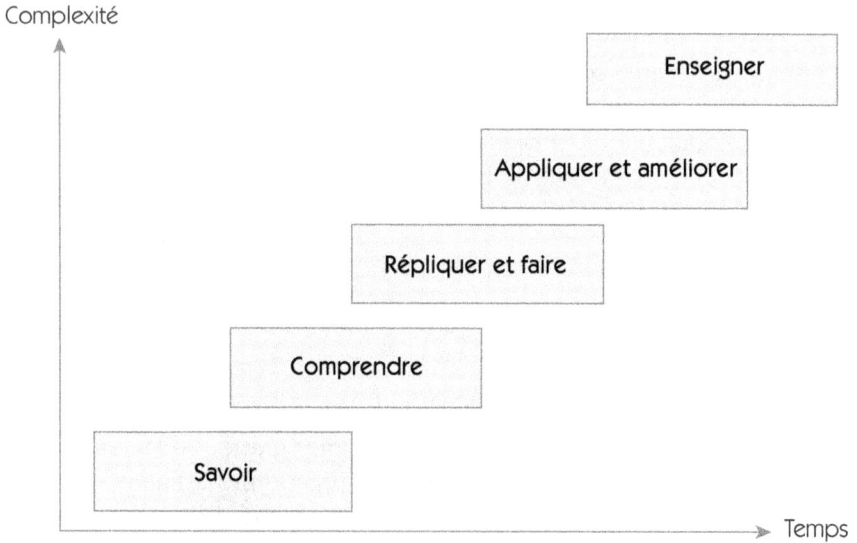

* **Utiliser vos émotions**. Apprendre n'est pas un acte uniquement rationnel et localisé dans le cerveau. Les émotions (peur, joie, tristesse, enthousiasme) renforcent la valeur de l'apprentissage en lui associant la dimension de la perception, du feeling ou du sixième sens. Un apprentissage basé sur des sentiments s'ancre de manière plus profonde qu'un enseignement acquis sans confrontation avec la réalité et les émotions. Nous nous souvenons, toutes et tous, de notre première chute en vélo, à la fois source de peur – parfois de douleur –, de fierté et d'enseignement – désormais intégré à tout jamais. Les émotions sont donc à la fois des catalyseurs d'apprentissage et des garde-fous qui facilitent l'inscription de l'acquis dans la durée, permettant un apprentissage durable.

De manière plus globale, et en faisant référence au modèle sur lequel nous nous sommes attardés lors de la partie sur les motivations individuelles, nous pourrions aussi décrire l'apprentissage comme une capacité à étendre notre champ de vision. Il s'agit de passer du stade « centré sur soi-même » à celui d'ouverture sur l'environnement complexe, en passant par les stades d'ouverture au(x) produit(s), aux clients ou à l'équipe proche ou à l'environnement connexe (autres fonctions, autres services, autres départements). Cette démarche de développement n'est possible que par sauts réguliers et progressifs. Une dimension doit être intégrée avant de passer à la suivante, et aucune ne peut être « sautée ». Il s'agit de passer d'un cercle à un autre, de consolider votre position en vérifiant votre maîtrise du sujet abordé (par exemple, la connaissance du produit, celle des clients…), puis de passer au niveau suivant. Pour que le résultat s'inscrive dans le temps, il est indispensable de ne pas construire sur du sable, et donc de bien vous assurer de la parfaite maîtrise du sujet avant de passer à un sujet suivant. Il vous faut donc éviter de trop pratiquer le zapping pédagogique !

Se développer

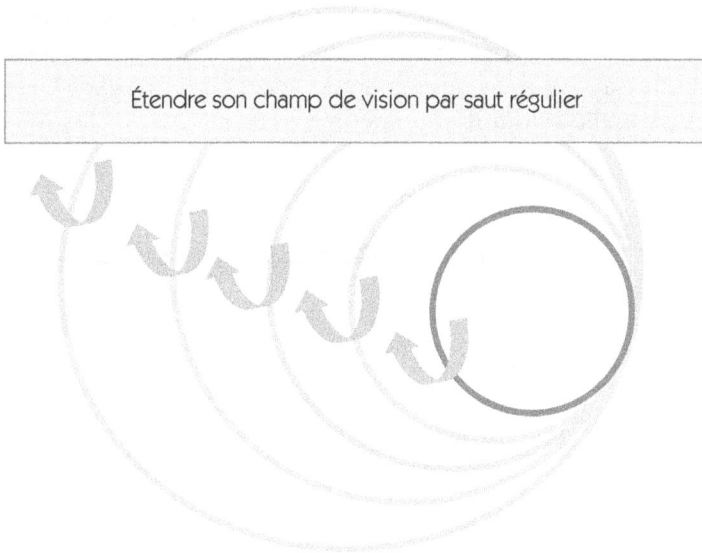

Étendre son champ de vision par saut régulier

Apprendre est donc relativement facile, à condition de le vouloir, mais aussi de ne pas vouloir tout faire en même temps et d'appliquer une certaine logique de progression. La dimension temps est fondamentale, et il ne vous faut surtout jamais entrer dans le piège de la contrainte du temps qui consiste à vouloir tout apprendre en un minimum de temps.

Le cerveau n'est – à l'instar de l'estomac avec la nourriture – capable d'absorber qu'un certain nombre d'informations. Au-delà d'un certain volume, il n'intègre plus et peut même rejeter.

Il y a en outre quelques erreurs que vous ne devez pas commettre :

- **Croire que vous savez tout.** C'est le péché d'orgueil qui conduit droit au sommet de la courbe d'incompétence ;

- **Croire que le « chef » ne doit pas apprendre** (ce qui va de pair avec l'erreur précédente) et que, dans ce cas, l'acte d'apprendre constitue une démonstration de faiblesse. Un vrai leader montre l'exemple et doit prendre conscience de son influence sur le comportement d'autrui. Par exemple, un manager qui ne prendra pas le temps de se former enverra un message à son équipe comme quoi la formation est inutile, créant ainsi un sentiment de toute-puissance qui empêche toute volonté d'apprendre. C'est ce que représente le schéma ci-dessous qui décrit le syndrome du super-héros qui touche beaucoup de managers.

Cette cascade de comportements négatifs débouche irrémédiablement sur une narcose de l'équipe qui s'enferme sur elle-même, considère sa vision comme la seule acceptable, et exclut les autres. Peu à peu, elle s'endort et... meurt ;

Le syndrome du super héros

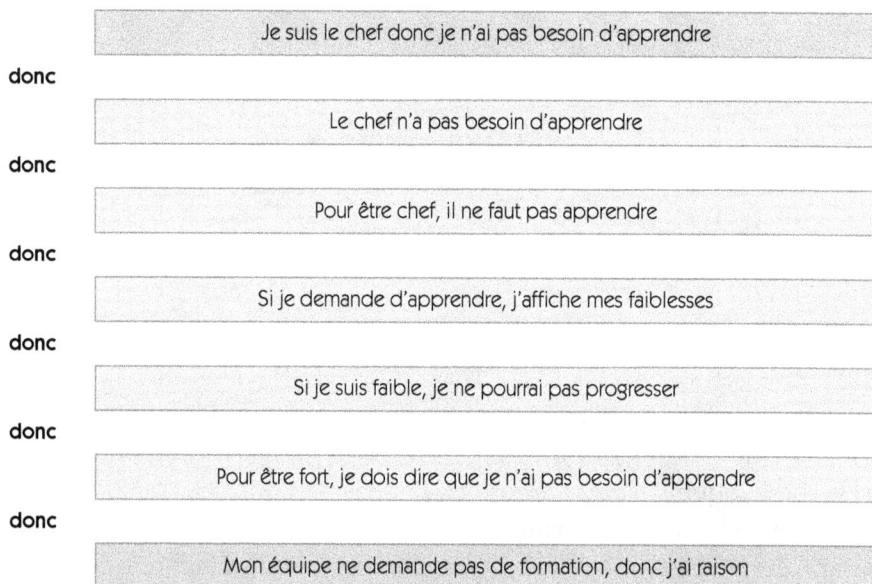

Je suis le chef donc je n'ai pas besoin d'apprendre

donc

Le chef n'a pas besoin d'apprendre

donc

Pour être chef, il ne faut pas apprendre

donc

Si je demande d'apprendre, j'affiche mes faiblesses

donc

Si je suis faible, je ne pourrai pas progresser

donc

Pour être fort, je dois dire que je n'ai pas besoin d'apprendre

donc

Mon équipe ne demande pas de formation, donc j'ai raison

- **Croire que vous n'apprenez que pendant un stage de formation.** Un stage n'est pas un lieu de miracle. Apprendre demande du temps, du travail individuel, de l'introspection et de la pratique régulière. La plupart de ces points ne peuvent pas être la résultante d'un stage. Le stage reste un lieu « de questions », parfois de répétition, et surtout de confrontation avec de nouvelles idées ou méthodes. Le reste est du domaine de la pratique individuelle et de la bonne volonté ;

- **Croire que vous apprenez sans pratique et sans besoin.** Un apprentissage doit donc s'inscrire dans un contexte plus large qui donnera l'occasion de faire et d'utiliser. Par exemple, des entreprises ont dépensé des millions d'euros en formations linguistiques sans résultats tangibles, tout simplement parce que la demande de formation (apprendre l'anglais) était déconnectée de la pratique et de la réalité de l'entreprise (ici on ne traite qu'avec des clients et des fournisseurs français). Pour avoir une politique de formation efficace, l'entreprise doit donc mettre en place un environnement de contrainte positive qui créera un contexte motivant pour apprendre (par exemple, fixer à ses commerciaux des objectifs de vente à l'export, et donc forcer la pratique d'une langue étrangère).

Performance et potentiel : quelle dimension privilégier ?

Pendant longtemps on a considéré qu'apprendre devait permettre d'améliorer ses points faibles. De plus en plus, cette idée est remise en cause, notamment en se basant sur l'exemple des sportifs qui développent à l'extrême leurs forces, plutôt que de passer trop de temps à « limiter la casse » sur leurs points faibles. Il s'agit alors de transformer vos compétences principales en autant de coups gagnants, tel le service ou le coup droit pour un joueur de tennis. L'énergie consacrée à votre développement sera ainsi mieux utilisée, avec un potentiel de retour sur investissement plus important. C'est cette approche qui est présentée sur le schéma ci-après :

Développer ses forces ou limiter ses faiblesses

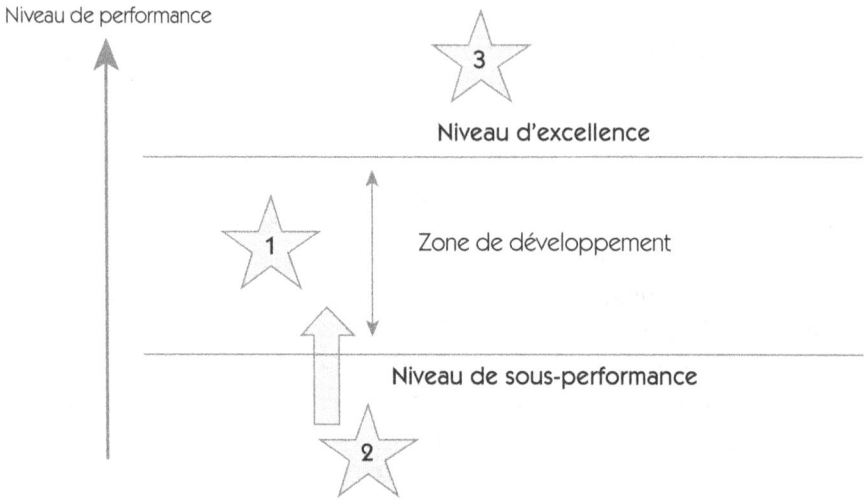

La ligne supérieure représente le niveau d'excellence, au-delà duquel votre compétence reconstitue un avantage absolu et discriminant. C'est une force clairement reconnue et utilisée à son optimum (étoile 3). La ligne inférieure détermine le niveau en dessous duquel votre non-maîtrise d'une compétence peut constituer un handicap. Il s'agit alors d'atteindre un niveau minimum qui permet d'éviter que cette faiblesse rejaillisse sur l'ensemble de la performance. La compétence 2 doit donc être renforcée pour lui permettre d'entrer dans la zone de développement et d'échapper à la zone de sous-performance.

De manière plus générale, il vous faut donc développer vos points faibles uniquement :

- **S'ils sont critiques** et constituent un handicap certain pour tout développement futur – c'est le cas des compétences situées sous la limite minimale ;
- **S'ils ne peuvent être contournés** (organisation, équipe). Ces compétences sont indispensables pour la bonne tenue de votre poste et l'atteinte d'une performance acceptable – source de toute progression. Ces compétences sont souvent listées dans les référentiels de compétences des entreprises, qui visent à identifier les compétences considérées comme critiques pour l'entreprise ;
- **Et s'ils ne peuvent être compensés** par des points forts encore plus importants. La meilleure façon de gérer vos faiblesses, c'est de les

compenser par vos forces. Là encore, si ce n'est pas possible, il vous faut investir dans la formation pour améliorer ce point faible.

Entre ces deux lignes, nous sommes dans la zone de développement normale, et les actions de formation doivent permettre – au pire – de maintenir les compétences au-dessus de la ligne de flottaison représentée par la limite de sous-performance et, au maximum, de les amener à la limite supérieure. De la même façon, il faut vous demander quelle est la meilleure stratégie de développement à mettre en œuvre pour parvenir à vos objectifs, et donc mettre en cohérence vos réalisations avec votre vision. Pour ce faire, l'idéal est de vous positionner par rapport à deux facteurs :

- **La performance**, qui reprend ce que vous produisez comme résultats, en phase avec vos tâches et en respectant les règles qui vous sont imposées. La performance est donc un concept lié au passé ;
- **Le potentiel**, ce que vous pourrez faire de plus ou de mieux en utilisant vos compétences actuelles ou en en utilisant d'autres – démontrées dans le passé – mais non utilisées en ce moment. Le potentiel est donc lié au futur. C'est une possibilité qui sera confirmée ou infirmée par la performance.

Le schéma suivant croise ces deux dimensions pour identifier neuf profils de développement différents.

Mon profil de développement

<table>
<tr>
<td rowspan="3">Ma performance</td>
<td>J'ai une expertise reconnue, je suis une référence, mais j'ai atteint le maximum de mes possibilités de développement   7</td>
<td>Je suis très performant mais je m'interroge sur mon potentiel. Il faut valider les options   8</td>
<td>Je combine une excellente performance et un fort potentiel de développement À moi de choisir !   9</td>
</tr>
<tr>
<td>Je suis un expert dans mon domaine mais je peux encore développer mon niveau d'expertise   4</td>
<td>Ma performance et mon potentiel sont équilibrés   5</td>
<td>Ma performance est inférieure à mon potentiel : Pourquoi ? - la déception - les promesses non tenues - la démotivation   6</td>
</tr>
<tr>
<td>Je ne suis pas performant, il faut analyser pourquoi : - le job - le contexte - moi   1</td>
<td>Ma performance n'est pas en ligne avec les attentes, mon potentiel est donc limité   2</td>
<td>Je suis nouveau et je dois montrer ma valeur   3</td>
</tr>
<tr>
<td></td>
<td colspan="3" align="center">Mon potentiel</td>
</tr>
</table>

- Si votre performance est faible et le potentiel inexistant (1), il vous faut vous poser la question de savoir comment sortir de cette zone rouge qui caractérise souvent un échec à court terme dans l'entreprise ou dans votre poste ;

- Le cas suivant (2) est caractérisé par une performance toujours aussi limitée et un potentiel en progression. Il s'agit d'une situation de frustration où l'état de votre performance n'est pas en phase avec vos attentes pour le futur ;

- La situation (3) se caractérise par un fort potentiel mais une performance toujours limitée. Nous trouvons dans ce cas beaucoup de nouveaux embauchés, qui se caractérisent par un potentiel de développement fort mais qui n'ont pas encore pu prouver leur valeur par des actions concrètes ;

    Pour ces trois premiers cas, l'option à privilégier est l'atteinte ou le retour à un niveau de performance acceptable. Les formations envisagées seront celles qui soutiendront les actions à court terme et permettront de déboucher rapidement vers des résultats concrets. Il s'agira souvent de formations ciblées et courtes, liées à des objectifs concrets et permettant la mise en application rapide.

La ligne suivante se caractérise par un niveau de performance acceptable, qui est aussi le niveau de la majorité des personnes.

- La première situation (4) reprend une performance moyenne associée à un potentiel de développement futur relativement limité. Il s'agit d'une situation d'expertise, et les formations possibles sont celles qui renforceront votre maîtrise technique, pour passer d'expert à référence ;

- Au centre du tableau (5), il y a une cohérence entre performance acceptable et potentiel normal. C'est le cas d'une majorité de personnes. Cette situation d'équilibre permet d'envisager les actions de formation, soit pour développer votre expertise, soit pour préparer votre futur et renforcer votre potentiel. Il est important de noter que la notion de potentiel doit être associée à un plan précis dans un contexte particulier. Un potentiel dans une situation donnée ne le sera pas forcément si le contexte évolue et réclame de nouvelles compétences ou de nouveaux profils ;

- Lorsque le potentiel est fort mais que la performance reste à un niveau inférieur (6), il faut vous interroger. Cette situation vous amène à vous poser la question de savoir pourquoi le potentiel est si fort mais ne se traduit pas dans les actions. Il peut s'agir d'une situation de démotivation, qui se traduit par une baisse de la performance mais un maintien du niveau de développement futur.

Finalement les options possibles pour ces trois catégories sont variées, allant du renforcement de l'expertise au questionnement sur la motivation.

La dernière grande catégorie regroupe les cas de performance exceptionnelle.

- Dans ce contexte (7), le premier cas se traduit par une forte performance mais avec un potentiel de développement futur très limité. Cette famille rassemble des experts reconnus mais dont le potentiel d'évolution est plafonné. À ce niveau de maîtrise, l'apprentissage peut passer par le partage des connaissances, en faisant de ces experts des formateurs internes, ou des mentors ayant comme mission de transmettre leur savoir pour le pérenniser ;

- Le second cas (8) pose question : il s'agit d'une forte performance associée à un potentiel encore limité, voire non validé. Cette situation est à la croisée des chemins entre l'expertise confirmée et le statut de haut potentiel, combinant forte performance et fort potentiel. Il vous faut donc privilégier les actions de formation ou de développement (les outils d'évaluation de carrière, bilan de compétences ou bilan d'employabilité) qui vous permettront de valider votre choix entre les deux situations mentionnées ci-dessus ;

- La dernière situation (9) regroupe ce que les entreprises qualifient de hauts potentiels. Il y a une cohérence entre une performance exceptionnelle dans le poste et un fort potentiel de développement futur. Dans la plupart des cas, les plans de formations alternent actions de développement destinées à préparer le futur et des programmes de formation centrés sur la performance.

Le bon plan de formation est donc celui qui prendra en compte les deux dimensions et assurera un équilibre entre présent et futur. La juste démarche sera toujours de favoriser en premier les formations qui permettent l'atteinte d'une performance assez élevée pour avoir ensuite l'esprit libre pour penser au futur.

L'étape suivante va nous permettre de choisir le type d'action de formation à mettre en œuvre.

Les différentes façons d'apprendre

Il y a divers moyens d'apprendre, et une démarche efficace doit mixer les outils et les ressources disponibles en considérant les particularités de chacun des divers dispositifs de formation pour trouver la meilleure combinaison. De manière générale, on classifie les méthodes de formation en cinq catégories.

Les formations présentielles

Il s'agit des formations en salle rassemblant plusieurs personnes. La forme la plus pratiquée dans l'environnement professionnel est le stage. Les cours en école ou en université sont également des programmes de formation présentielle. Ces formations ont plusieurs avantages :

- Elles permettent de rencontrer des participants venant d'univers variés, soit au sein de l'entreprise (stages internes), soit en mélangeant des participants issus de diverses entreprises. À ce titre, les stages sont un excellent moyen de renforcer ou développer votre réseau. Ils vous permettent aussi de vous ouvrir à d'autres méthodes, outils ou modes d'organisation et de découvrir de nouveaux secteurs d'activités ;

- Les stages sont souvent consacrés à un sujet particulier et varient les méthodes pédagogiques dans un même cadre : cours fondamentaux, simulations, jeux de rôles, études de cas ou ateliers de réflexion ;

- Les stages permettent une approche intensive en se focalisant sur un sujet bien précis. Il faut cependant différencier les programmes courts (2 à 3 jours) des programmes longs qui peuvent durer plusieurs semaines, en un seul module ou en plusieurs modules étalés sur plusieurs mois (par exemple, un module d'une semaine tous les quatre mois pendant un an) ;

- Les programmes longs permettent de renforcer l'aspect pratique du stage en favorisant la mise en application de concepts entre deux modules. Leur durée permet aussi de varier les contenus et d'aborder plus de sujets. Souvent les programmes longs sont réservés à des personnes souhaitant changer d'orientation, ou à des hauts potentiels afin de préparer leur avenir dans l'entreprise ;

- Le programme présentiel est relativement facile à organiser, l'offre est vaste, et les coûts sont relativement peu élevés.

Du côté des inconvénients, les stages ne permettent qu'une mise en pratique très limitée et leur qualité est très variable en fonction de l'intervenant ou de l'organisme de formation sélectionné. Un des inconvénients principaux est lié à la qualité mentionnée ci-dessus : puisqu'il est facile à organiser, il est le système de formation le plus utilisé actuellement. Et cette généralisation donne parfois au stage une image de produit miracle qui permet de résoudre tous les problèmes en quelques jours, voire en quelques heures. Il vous faut donc replacer le stage à son vrai niveau : un moyen facile et efficace de découvrir de nouvelles idées ou de nouvelles méthodes et de travailler avec des participants de même origine ou d'origine différente, dans un environnement « protégé » qui permet de vous exprimer ou faire des essais.

Donc le stage n'est souvent qu'une composante d'un véritable programme de formation, et doit être associé à d'autres outils pédagogiques permettant la mise en pratique.

Les formations à distance/en ligne

Elles se sont développées ces dernières années mais n'ont pas connu l'essor promis lors des années de la bulle Internet, où de nombreux pseudo-experts promettaient le remplacement de beaucoup de programmes de formation par ces approches miracles *on line* qui semblaient cumuler plusieurs avantages : coût *a priori* réduit, flexibilité (*via* des modules courts et un accès 24 heures sur 24) et capacité à mesurer facilement les acquis grâce à la mise en place de systèmes de contrôle et de validation.

Aujourd'hui, la formation à distance est revenue à plus de réalité. Elle ne remplace que très rarement des programmes présentiels, mais assure une préparation ou un suivi de ces mêmes programmes. En revanche, certains sujets très précis sont désormais traités *via* ce type de support (par exemple, un certain nombre de formations aux outils informatiques).

Par contre, on remarque encore une forte différence de pratique entre les pays à culture anglo-saxonne et la France. La percée des formations à distance est beaucoup plus importante aux USA, où la culture de l'autoformation est probablement bien plus répandue. En France, l'association de la formation professionnelle à l'entreprise limite encore les initiatives axées sur un développement personnel indépendant d'une décision, d'un financement ou d'une instruction venus de l'entreprise.

Or, la formation à distance permet d'accéder à des contenus de formation n'importe où et n'importe quand, avec un ordinateur ou, plus simplement, un livre. Son efficacité dépend donc de la bonne volonté de deux personnes :

* Le « formé », qui doit trouver du temps pour se concentrer sur cette formation ;

- Le manager, qui – si la formation à distance à lieu dans le cadre du travail – doit disposer d'assez de maturité pour laisser un de ses collaborateurs se former tout en restant à sa place de travail ;
- Volonté individuelle et maturité managériale sont donc deux critères extrêmement difficiles à réunir, ce qui pourrait encore expliquer la faible implantation de ces méthodes de formation. Il ne faut cependant pas nier leurs avantages : elles permettent d'offrir des contenus de formation individualisés, adaptés au rythme de travail et d'apprentissage de chacun et disponibles *via* des supports désormais généralisés (l'ordinateur et Internet).

Enfin, nous ne rentrerons pas dans le débat sur les coûts, car une formation en ligne peut aller d'un coût très faible, en cas de programme standard au design simple, à des investissements très élevés, en cas de programmes conçus sur mesure, avec recours à des animations complexes et une forte capacité d'interaction et/ou de simulation (jeux de rôles, études de cas *on line*, films, visites virtuelles…).

Les formations par accompagnement

Elles regroupent le coaching et le mentoring, et peuvent se caractériser par une approche individualisée, mettant en relation un expert technique, le plus souvent interne à l'entreprise (pour le mentoring), ou un coach externe (pour le coaching) avec une personne souhaitant développer un aspect particulier de ses compétences techniques ou relationnelles.

Le mentoring pourrait se résumer par un accompagnement interne, principalement centré sur des aspects techniques ou process propres à l'entreprise (accompagnement de nouveaux arrivants, formation à tel ou tel outil informatique, aide à la gestion de projet). Le coaching traite de problématiques plus complexes, ayant souvent une forte connotation managériale ou comportementale. Le coach est dans la plupart des cas un expert externe qui intervient de manière régulière sur une période de plusieurs mois. C'est une véritable formation individuelle, faisant normalement l'objet d'une analyse poussée des besoins préalables, d'un contrat clair entre le coach, le coaché et l'entreprise, et répondant à des règles de confidentialité précises.

De par son coût élevé, le coaching reste pour l'instant réservé à des cas précis et devient le moyen de formation privilégié des dirigeants d'entreprises. Il permet de disposer d'un *sparring partner* dédié, et souvent de très haut niveau. Cette démarche est à la frontière de la formation, du conseil et de la confidence. Son côté haut de gamme attire de nombreuses personnes et il faut donc faire attention à mettre en place un processus de sélection du coach qui soit le plus pertinent possible. En effet, il y a d'excellents coachs, comme autant de charlatans ou de pseudo-experts.

Seule une analyse précise des besoins et du marché, associée à un processus de sélection complet (entretiens, prise de références, mise en concurrence) permettra de faire le bon choix. Avec une règle fondamentale à respecter : c'est le futur coaché qui aura la responsabilité du choix final entre plusieurs candidats proposés par l'entreprise. Ce choix sera le début du processus de coaching, car il supposera une entente entre deux personnes qui seront amenées à construire une relation dans la durée. Les autres règles à respecter sont :

- **Une politique de confidentialité** connue, validée et respectée, permettant de protéger les échanges entre le coach et le coaché. Ce dernier pourra communiquer – ou non – les résultats de son coaching, mais ce choix restera du domaine individuel ;
- **Une limitation de la durée du coaching.** Le coach ne doit pas devenir une béquille ou, encore plus grave, se substituer au coaché dans la prise de décision quotidienne. Pour cela, la durée du coaching doit être fixée au préalable et être limitée à plusieurs mois, mais évitant la permanence.

Les formations par accompagnement sont efficaces, car individualisées, très opérationnelles et souvent fortes en remise en cause personnelle. Leur puissance vient de ce dernier élément : la remise en cause. C'est pour cette raison qu'il faut les manier avec précaution et les réserver à des cas précis, qui demandent un investissement lourd en temps et en budget, mais aussi un engagement complet du coaché.

Les formations par l'action

C'est la façon d'apprendre la plus naturelle : apprendre en faisant. Mais ce mode de formation peut être plus ou moins structuré dans et par l'entreprise. Dans ce cas, les formations par l'action peuvent regrouper le détachement dans un projet particulier, le détachement sur un poste pendant une durée limitée, un stage à l'étranger ou la conduite d'une mission spécifique destinée à révéler ou mettre en œuvre des compétences particulières. Les facteurs permettant de reconnaître une formation par l'action sont :

- **Un objectif connu et partagé.** Cet objectif vous est communiqué, partagé avec votre management et le management de l'unité ou du projet d'accueil ;

- **Une durée limitée**, de plusieurs semaines à plusieurs mois. Elle est cependant connue et fixée à l'avance, et doit intégrer une réflexion sur votre retour. En effet, il faut vous poser la question de ce que vous ferez une fois cette période d'action terminée : retour au poste précédent, promotion, changement d'affectation… les options sont nombreuses mais nécessitent d'être préparées – et communiquées – à l'avance ;

- **Un processus de préparation, d'accompagnement et de feedback formalisé.** Une formation de ce type n'est pas un changement d'affectation. C'est bien un outil pédagogique permettant de développer des compétences. À ce titre, une formation doit être préparée (objectifs, durée, moyens), suivie (bilans réguliers) et analysée (qu'est-ce qui a été fait, bien fait, mal fait, quels sont les apprentissages réalisés, à quoi serviront-ils, quelles sont les prochaines étapes ?).

Les avantages liés à cette démarche pédagogique sont nombreux. Ils permettent l'action, sont centrés sur les besoins de l'entreprise et facilitent la mesure de l'efficacité de la formation. Du côté des inconvénients, on pourra noter le coût, la difficulté d'organisation ou de suivi.

Ces initiatives de formation demandent aussi une certaine maturité de l'organisation et une certaine taille, car elles requièrent des ressources dédiées pour l'organisation et le suivi, mais aussi une taille suffisante permettant une gestion des ressources humaines qui intégrerait cette composante. Il faut en effet penser à vous remplacer pendant votre période de détachement, penser à votre retour et organiser toute la logistique liée à votre départ et à la formation elle-même.

Les tests d'analyse de personnalité ou de compétences

Ils sont nombreux et visent à donner une information individuelle sur vos compétences (ce que vous savez faire), vos préférences (ce que vous aimez faire) ou vos styles (comment vous vous comportez). Il s'agit soit de questionnaires associés à des rapports, soit de batteries de tests variés ou de mises en situations selon des scénarios variés. L'objectif est toujours le même : donner un feedback extérieur sur la façon dont vous travaillez, vous organisez, décidez, managez ou vous comportez. Les tests de personnalité peuvent être individuels (pour une personne), ou collectifs (pour une équipe). Ils sont basés sur du déclaratif individuel (une auto-évaluation sur la base d'un questionnaire), de l'observation (jeux de rôles, mises en situation), des résultats écrits (études de cas) ou un feedback collectif (les tests 360° qui impliquent le manager, les pairs et les collaborateurs).

D'une manière générale, ces tests ne doivent pas être considérés comme des outils de formation *ad hoc*. C'est-à-dire qu'ils ne sont vraiment efficaces qu'englobés dans un dispositif d'apprentissage plus vaste. Leur pertinence vient de leur capacité à donner des informations les plus fiables possibles. Ils doivent donc être utilisés par des experts, formés pour cela, et qui pourront choisir le test le mieux adapté au contexte et au candidat. Pour être pertinents, les tests doivent aussi être évalués afin de valider leur structure, les règles statistiques qu'ils utilisent, les bases de comparaisons et les référentiels. Certains tests ont prouvé leur efficacité, d'autres restent au niveau de gadget et certains manquent de pertinence scientifique ou opérationnelle (par exemple, la graphologie).

Le moment le plus important du test est le feedback, c'est-à-dire le moment où les résultats seront communiqués et commentés au candidat. Là encore certaines règles doivent être respectées : professionnalisme de la personne en charge du débriefing, degré de confidentialité, documentation à transmettre ou façon de transmettre l'information et d'échanger avec le candidat. Les phases de débriefing sont parfois des moments fortement impliquant, où des informations parfois difficiles sont communiquées. Mais le développement est à ce prix, c'est ce que résume le proverbe arabe suivant : « Suis le conseil de celui qui te fait pleurer, et non de celui qui te fait rire. » La règle la plus importante est donc que tout test doit faire l'objet d'un débriefing personnalisé, réalisé dans un environnement calme et permettant la discussion sur une certaine durée (45 minutes minimum).

Les tests sont très utiles pour définir un plan de développement, valider un potentiel ou faire un bilan de carrière. Il faut également noter que ces tests sont de plus en plus utilisés dans les processus de recrutement.

En conclusion

Le tableau ci-après reprend un certain nombre des moyens de formation que nous venons de voir et évalue leur degré de pertinence en fonction des critères suivants :

- **L'accès au savoir**, c'est-à-dire la capacité à apprendre de nouvelles choses ;

- **La mise en pratique**, c'est-à-dire le taux de pratique intégré dans la formation. Cette pratique peut prendre diverses formes : étude de cas, simulations, jeux de rôles ou projets ;

Les différents outils de formation

	Accès au savoir	Mise en pratique	Développement du potentiel	Valorisation	Degré de remise en cause	Pérennité
Stage interne	★	★	★	★	★★	★
Stage externe	★★	★	★★	★	★★	★
Programme long	★★★	★★	★★	★★	★★	★★
Programme diplômant	★★★	★★	★★★	★★★	★★	★★★
Mentor	★★★	★★★	★★	★★	★★	★★
Coach	★★	★★★	★★★	★★	★★★	★★★
Projet	★★	★★★	★★	★	★	★★
E-learning	★★	★	★	●	●	★
Lectures	★★	●	●	●	★	★
On the job	★	★★★	★	●	★	★★

- **La pérennité**, c'est-à-dire combien de temps les acquis de la formation resteront valides avant de nécessiter une remise à niveau. Mesurer la pérennité consiste à analyser la façon dont les effets de la formation s'inscriront dans la durée. Le schéma « Développement et formation » ci-après reprend cette notion en croisant deux dimensions, la durée et le degré d'utilité de la formation. Cette dernière notion se résume par la façon dont les résultats de la formation seront mis en œuvre de manière efficace.

Deux courbes se distinguent. La première concerne les formations à forte valeur ajoutée immédiate, mais dont l'effet s'estompera dans la durée. Il s'agit principalement des formations courtes, à dimension technique, ou des formations qui ne sont pas suivies par une mise en application opérationnelle. La seconde a une forme quasi inverse. L'efficacité immédiate est réduite, mais elle se développe au cours du temps. Il s'agit des formations visant à développer un potentiel, mais aussi les formations longues, alternant contenus et mise en pratique.

Développement et formation

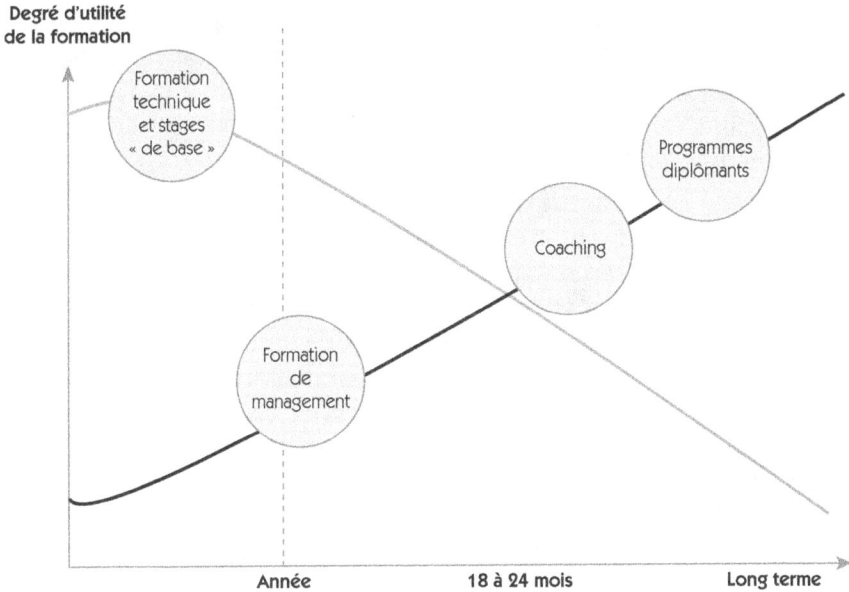

Degré d'utilité
de la formation

Formation
technique
et stages
« de base »

Programmes
diplômants

Coaching

Formation
de
management

Année   18 à 24 mois   Long terme

D'une manière plus générale, le terme formation s'appliquera aux actions de formation courtes, intenses et centrées sur la performance immédiate, alors que le terme de développement s'appliquera plus à des programmes visant des objectifs à long terme, allant au-delà des responsabilités immédiates.

- **La capacité à développer le potentiel**, c'est-à-dire la capacité de cette formation à préparer l'avenir d'une personne, et donc à ne pas uniquement aborder des sujets liés à la situation courante ;

- **La valorisation**, c'est-à-dire la possibilité de mettre en avant cette formation dans son curriculum vitae, ou de s'en servir au-delà de l'entreprise qui l'a financée ;

- **Le degré de remise en cause personnelle**, c'est-à-dire la façon dont la formation forcera le participant à remettre en cause ses pratiques ou/ et ses comportements. Ce critère mesure le côté impliquant de la formation qui pourrait répondre à cette interrogation : la formation restera-t-elle en surface ou produira-t-elle des effets plus profonds sur la personnalité ou les comportements à long terme ?

Préparez votre plan individuel de formation

Les informations évoquées précédemment ont pour vocation à vous aider à établir un plan de formation individuel. Ce plan a plusieurs objectifs : lister les actions de formation les mieux adaptées à vos objectifs, mais aussi servir de base de discussion avec votre manager en lui montrant que vos demandes en matière de formation sont justifiées par une véritable analyse.

Il faut garder à l'esprit que les discussions sur le sujet « formation » sont souvent associées aux entretiens de fixation des objectifs annuels. La tension relative à ces entretiens peut limiter la discussion sur le développement pour privilégier l'échange sur les objectifs. C'est pour cette raison qu'une bonne préparation donnera plus de consistance à la discussion et débouchera sur des résultats tangibles. Sans préparation, vous ne serez pas en situation favorable pour argumenter et proposer des solutions acceptables. Vous serez donc soumis aux décisions prises pour vous par l'entreprise. La dernière bonne raison de préparer votre plan de formation est de le confronter avec les propositions qui émaneront de votre hiérarchie. De cette façon, vous pourrez analyser la qualité des propositions, leur adaptation à l'environnement ou à vos objectifs professionnels ou personnels. Le tableau suivant vous permet de préparer votre plan de formation individuel en formalisant :

- **Votre objectif.** Il s'agit de lister ici à quoi doit servir votre formation de manière générale (promotion, changement de responsabilités, retour à la performance…) ;

- **Ce que vous souhaitez apprendre** (nouveaux savoirs, nouvelle méthode ou découverte d'un produit, d'un secteur d'activité ou d'un nouveau métier) ;

- **Ce que vous souhaitez pratiquer**, autrement dit quelles sont les actions que vous devez mener pour apprendre. Cette partie permet de rendre concrets les besoins d'apprentissage et de ne pas rester uniquement au niveau de la simple exposition à un nouveau contenu ou à un nouveau savoir. Elle permet aussi de vérifier la faisabilité et la pertinence en évitant le syndrome du « je veux obtenir 15 ans d'expérience professionnelle en deux jours » ;

- **La dernière partie vise à lister les façons dont vous pourrez vérifier que l'objectif a été atteint**, et que la nouvelle compétence est intégrée et maîtrisée.

Plan de formation individuel

Mon objectif	Ce que je souhaite apprendre	Ce que je souhaite pratiquer	Comment savoir si j'ai atteint mon objectif

Ce tableau est donc la première étape de la construction de votre plan de formation. L'étape suivante consistera à identifier les actions de formation qui correspondent le mieux à vos attentes et à choisir l'organisme de formation le plus adapté. Pour ce faire, vous pouvez soit chercher par vous-même (sur Internet, dans la presse économique, dans les suppléments « Affaires » ou « Éducation » des principaux quotidiens et hebdomadaires, ou dans des centres d'information spécialisés), soit vous renseigner auprès du responsable de formation de votre entreprise.

Le tableau suivant vous permettra de finaliser votre proposition de plan de formation. Il reprend les points suivants :

- **L'action de formation souhaitée** (type de formation, organisme, lieu) ;
- **Les avantages et les points forts de cette formation.** Il s'agit des points suivants : lien avec les objectifs individuels, lien avec le potentiel de développement, méthodes pédagogiques, degré de mise en pratique ou qualité des enseignants et des formateurs. Ceci vous permettra d'argumenter auprès de votre hiérarchie et de montrer votre degré de préparation, et donc de motivation. Ces éléments servent aussi à étayer une discussion avec le responsable de formation, dans le cas où le type de formation choisie ne serait pas retenu. Dans ce cas, la discussion devra se centrer sur les avantages en essayant de trouver une solution alternative procurant les mêmes résultats ;

- **Les contraintes liées à cette formation**. En listant les aspects contraignants vous montrerez que votre réflexion est complète et que vous n'êtes pas naïf, considérant la formation à sa juste valeur ;
- **L'investissement nécessaire** (budget, temps).

Plan de formation individuel

Action de formation (stages, tests, e-learning)	Avantages Points forts	Contraintes	Investissement (temps, budget)

Le développement des compétences est un aspect fondamental de la construction d'un parcours professionnel cohérent et efficace. Cependant, la réussite n'est rarement que le fruit d'un travail individuel. Avec la globalisation et les nouveaux modes d'organisation des entreprises, la capacité à fonctionner en réseau et à développer un réseau est devenue un facteur clé de succès. C'est ce que nous allons voir à présent.

Sachez vous entourer

Ou comment construire et développer votre réseau

> *« La connaissance,*
> *c'est partager le savoir qui nous fait grandir. »*
> Olivier Lockert (psychologue et écrivain)

Le chemin du succès n'est pas une route à prendre en solitaire. Même si beaucoup de choses dépendent de vous, il est indispensable de construire un réseau de relations qui puisse vous aider à parvenir à vos objectifs. Par exemple, de plus en plus de recrutements se font *via* les réseaux. Ils sont utilisés tant par les entreprises, pour obtenir des données, que par les employés, pour chercher et trouver un emploi. Mais le réseau a bien d'autres utilités que nous verrons dans ce chapitre.

Le réseau est un des rouages les plus importants sur la route du succès. Il convient donc à la fois de bien en définir les contours et les objectifs et de l'entretenir de manière régulière.

Le réseau : définition et rôle

> *« Celui qui rencontre le plus de succès dans la vie*
> *est celui qui est le mieux informé. »*
> Benjamin Disraeli (écrivain et homme d'État anglais)

Qu'est-ce qu'un réseau ?

Selon Internet, « un réseau est un ensemble d'objets ou de personnes connectés ou maintenus en liaison, et désigne par métonymie l'ensemble des liaisons ainsi établies. Un réseau est plus souvent désigné par la nature et le nombre de ses liaisons que par la nature des objets qui le composent ». Dans notre cadre, un réseau est un ensemble de personnes interconnectées par des intérêts, des expériences ou des sentiments communs, et qui a pour vocation principale l'obtention, la diffusion et la validation d'informations, ainsi que l'entraide et l'appui mutuel.

La toile d'araignée est l'image qui s'adapte le mieux au réseau : un outil d'information et de capture au service d'un objectif précis. Le réseau peut adopter différentes configurations :

- **Une configuration passive.** Cette configuration de base représente un ensemble de personnes liées entre elles et communiquant des informations. Le jeu consiste, dans ce cas, à prendre ou non des informations et en diffuser d'autres. Dans ce cadre, le réseau joue le rôle d'un outil de veille ;

- **Une configuration prospective.** Le réseau prend ici une forme plus opérationnelle. Dans ce cas, il sert de source d'information pour un objectif bien précis. Le réseau est alors redimensionné pour n'y intégrer que les personnes pouvant apporter une information compatible avec l'objectif recherché. À ce titre le réseau est un outil d'anticipation ;

- **Une configuration active** (par exemple la recherche d'un emploi). Cette étape n'est plus du domaine de la recherche d'information, mais de celui de la conduite d'actions concrètes. Dans ce cas, le réseau reste une source d'information, mais il a aussi une mission de cooptation informelle : « Je te connais, donc nous pouvons travailler ensemble. » Il assure plusieurs missions : la cohésion de l'organisation (le recrutement se fait *via* des gens qui se connaissent), la limitation des risques (l'information existe, est diffusée et validée), la facilité d'intégration (puisqu'on se connaît, on peut être plus efficace plus vite, on évite une forme de round d'observation) et, finalement, l'efficacité financière (le réseau coûte moins cher qu'un chasseur de tête).

Le réseau est un outil extrêmement utile pour atteindre vos objectifs professionnels ou personnels. Et pourtant, l'utilisation de cette ressource est extrêmement variable. La différence se fait par votre capacité – ou non – à en faire un outil de développement en adaptation constante. Il faut donc professionnaliser votre culture réseau. La professionnalisation s'entend par votre capacité à :

- Construire un réseau ;
- L'analyser et l'optimiser ;
- L'utiliser ;
- Le faire grandir.

Ces actions sont indispensables, car un réseau est une denrée périssable, qui s'use si vous ne vous en servez pas et si vous ne le nourrissez pas. Mais comment se compose le réseau ? Dans la plupart des cas, un réseau s'articule autour des dimensions suivantes :

- **La famille.** Le point de départ initial est constitué par la famille. On naît dans un réseau, et ce réseau commence à s'étendre de manière active dès les premières années de crèche ou de maternelle ;

- **Les amis.** Si la famille constitue un réseau acquis dès l'origine, les amis appartiennent au réseau construit *via* des affinités et des choix. Cette partie du réseau (comme les autres, d'ailleurs) se développe de manière perpétuelle, avec ses arrivées et ses départs. La partie « amis » se nourrit, au cours des années, des rencontres et amitiés construites à l'école, pendant vos études, dans le cadre professionnel ou extraprofessionnel ;

- **Les relations nouées dans les années d'apprentissage.** Le stade suivant de construction du réseau commence lors des études et intègre pour la première fois une dimension professionnelle. Les « anciens de la promo », les « copains de fac » ou les « collègues apprentis » constituent le premier niveau du réseau professionnel. C'est effectivement en suivant leur carrière, leurs changements de postes ou d'entreprise que le réseau prend forme ;

- **Les collègues et anciens collègues.** Là, rien de bien particulier, si ce n'est que cette partie du réseau s'entretient également et qu'en cas de départ de l'entreprise ou de changement de fonction, cette partie se transforme alors en « anciens collègues ». Cette dimension du réseau joue un rôle particulier puisque les personnes qui la composent vous auront vu à l'œuvre. À l'inverse des amis, de la famille ou des anciens camarades d'étude, les collègues et anciens collègues ont vécu avec vous professionnellement. Ils connaissent donc vos forces et vos faiblesses, peuvent témoigner de vos réalisations et servir de références ;

- **Les relations d'affaires.** Au réseau « collègues et ex-collègues » viennent ensuite se rajouter les relations d'affaires, construites en périphérie de l'entreprise et dans le cadre de vos activités professionnelles. Il s'agit des fournisseurs, des clients, de vos pairs dans d'autres entreprises, etc. Le réseau prend alors une dimension plus étendue qui peut très rapidement grandir.

- **Le dernier niveau est celui des contacts informels**, nombreux et souvent épisodiques, qui constituent un vivier potentiel de développement du réseau. Il s'agit des nombreux contacts brefs (souvent, des rencontres de quelques minutes, un échange de cartes de visite, des intervenants croisés dans des conférences) qui se retrouvent sur une liste de nom qui constituera une base de données intéressante, dans la mesure où elle ne cessera de prendre de l'importance. C'est dans cette base de données que vous irez puiser en cas de besoin, faisant ainsi passer ces contacts informels au niveau de relations professionnelles ou personnelles.

Le réseau

Réseau acquis (famille, amis) — Réseau construit à l'école et durant les études — Réseau construit : collègues et ex-collègues — Réseau étendu : relations d'affaires et périphériques — Réseau étendu Autres contacts Base de données

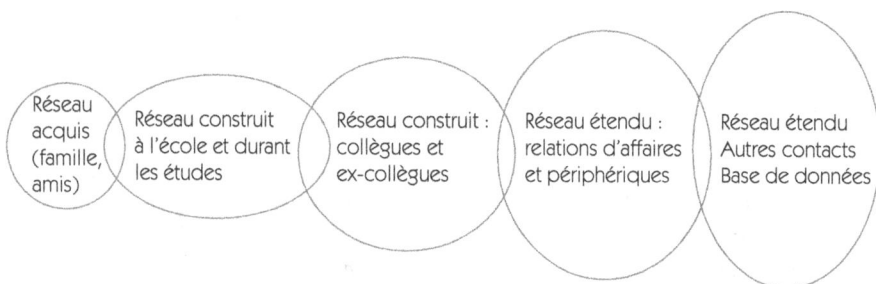

Les rôles du réseau

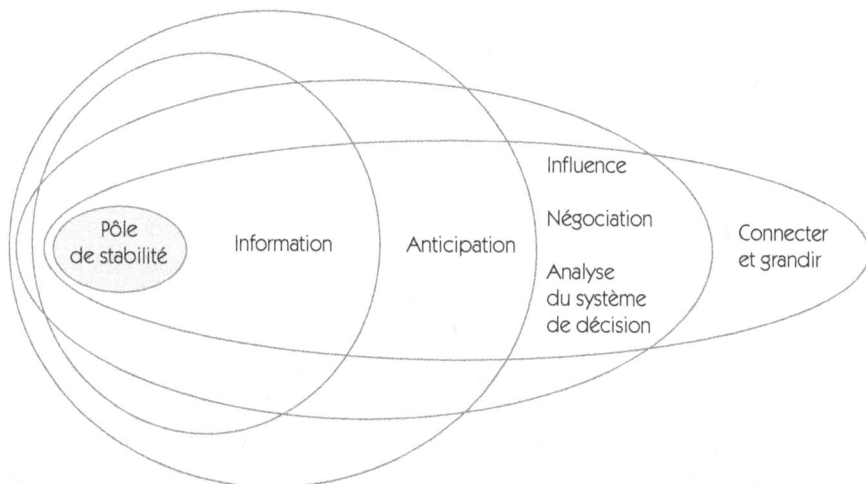

Le réseau est une structure extrêmement utile. Il doit vraiment être compris comme un support actif de « survie » et de « développement » dans l'environnement actuel. Le schéma suivant reprend ses rôles principaux.

Les rôles du réseau

Pôle de stabilité — Information — Anticipation — Influence / Négociation / Analyse du système de décision — Connecter et grandir

Le réseau assure votre stabilité

Le premier rôle du réseau est d'assurer une certaine stabilité relationnelle personnelle et professionnelle. En effet, le réseau est avant tout un ensemble de relations qui permet de savoir qui est une personne. Un individu se définit en partie en fonction de ses relations, de ses amitiés ou de ses inimitiés. Examiner un réseau, c'est en quelque sorte avoir un portrait-robot d'un individu et de son mode d'interaction avec son environnement.

Le réseau est source de stabilité s'il est équilibré. En revanche, si l'intégralité de votre réseau s'est construite autour de vos collègues de travail, et que vous perdez votre emploi, votre réseau se rétrécira naturellement, quels que soient vos efforts pour le maintenir. En plus, dans l'optique d'une recherche d'emploi, un réseau structuré de cette façon ne sera pas grandement utile. Dans ce cas, il ne sera donc pas source d'équilibre. Par contre, si le réseau intègre des personnes d'univers variés (amis, anciens collègues, famille…), il constituera un pôle de stabilité en cas de crise ou de traversée d'une période difficile. Il vous faut donc veiller à disposer d'un système de relations qui soit le plus complet possible, et surtout éviter le centrage sur une seule dimension, telle que la seule famille, les seuls amis ou collègues de travail.

Le réseau vous informe

Le réseau a vocation à informer. Il se nourrit d'information et se mesure en fonction de la qualité des informations obtenues ou transmises. Deux types d'approches sont alors possibles :

* **Vous tenir au courant.** C'est une démarche passive qui vous permet de capter des informations. Il s'agit d'une situation d'observation et de réception ;

* **Obtenir de l'information.** C'est une des fonctions de base du réseau. Obtenir de l'information, et donc en donner, est une attitude plus active que la précédente. L'information diffusée et obtenue peut aussi varier en fonction de votre place dans le réseau et son association avec les objectifs qui vous sont propres.

Le réseau vous permet d'anticiper

L'information active doit déboucher sur l'action. C'est la fonction d'anticipation du réseau, qui permet d'évaluer les opportunités et les risques, et de prendre les mesures adaptées. C'est une phase active, par laquelle vous engagez des actions déterminées par un objectif clair et à court terme. Le réseau permet, par exemple, de chercher un futur travail. Dans ce cas, il a une valeur prospective, facilitant l'anticipation et permettant de disposer d'une boussole pour naviguer en terres inconnues.

Le réseau vous aide à négocier ou à influencer

L'action peut prendre plusieurs formes, mais les plus communes sont l'aide à la négociation par l'analyse du système de décision, ou l'influence. Le schéma ci-dessous représente un système de décision simple, qui implique neuf personnes dans un processus qui vous concerne (obtention d'un budget, recrutement…), avec des rôles variés, allant du décideur lui-même (celui qui dit oui ou non et clôture le processus de décision) au conseiller (celui qui donne son avis), en passant par le relais (celui qui transmet ou non des informations). Chacune de ces personnes a – outre son rôle – une attitude par rapport à vous ou votre projet. Cette attitude peut être positive (et, dans ce cas, vous serez considéré comme une ressource positive), négative (donc à contourner) ou neutre (sans avis).

Cartographie du réseau

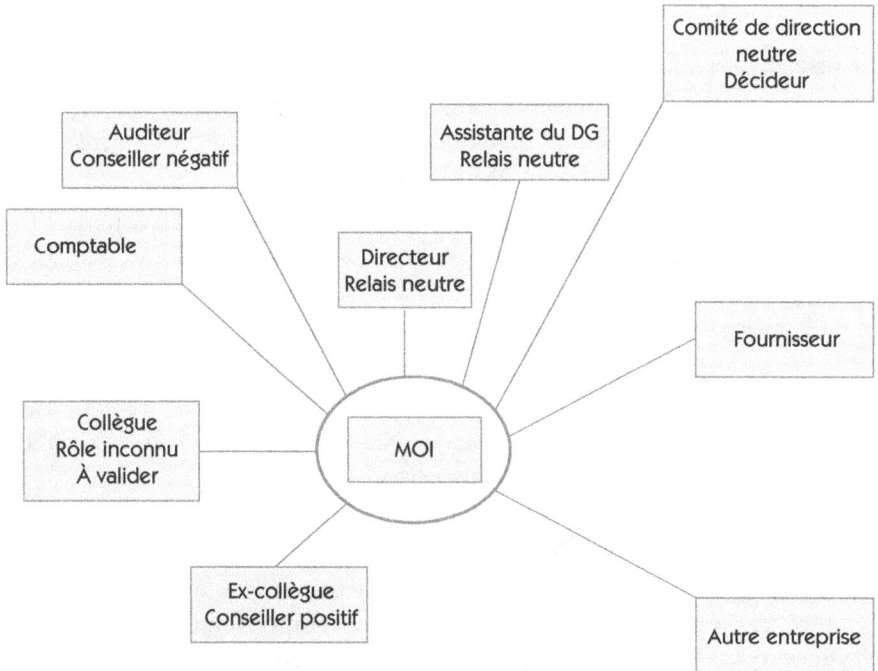

Le réseau doit permettre de définir les rôles et les attitudes. Une fois cette cartographie réalisée, le réseau permet de mettre en place une stratégie d'influence qui consiste à utiliser les éléments positifs du système de décision (les personnes ayant une attitude positive) pour amener le décideur à prendre une décision qui penche en votre faveur. C'est ce que représente le schéma ci-dessous :

Influencer

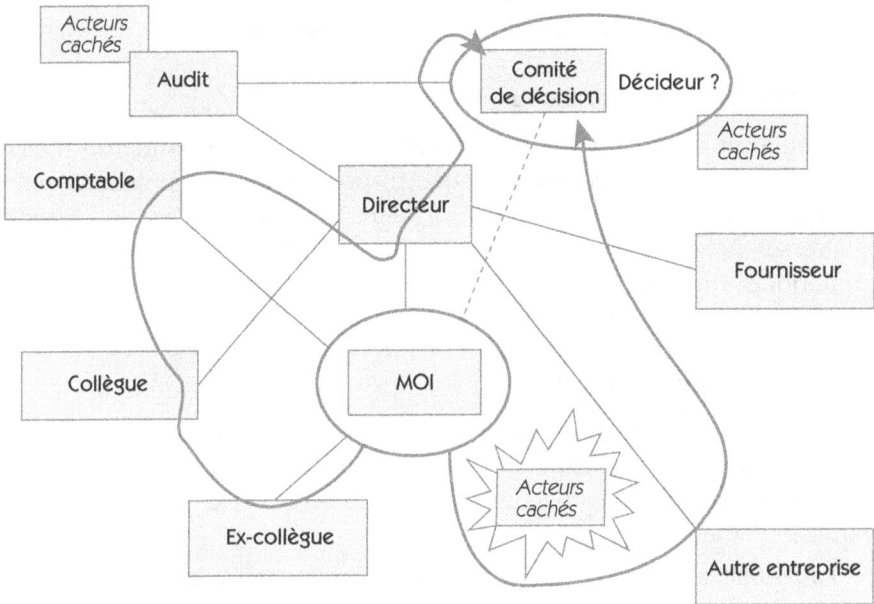

Cependant le réseau n'a pas que des vertus externes. Il est aussi un outil fondamental pour assurer votre performance au sein de l'entreprise, car il renforce votre efficacité, et donc votre visibilité. Il permet de savoir et de faire savoir, et donc de véhiculer une image et des projets.

Le réseau vous permet de créer des connexions

Pour que ce système fonctionne, il faut le nourrir. Et c'est le dernier rôle du réseau, qui permet de créer des connexions. Un réseau sert aussi à développer un réseau ! Il mute et doit se régénérer régulièrement. Pour ce faire, il faut donner au réseau des opportunités de se connecter avec d'autres réseaux, et ainsi se nourrir d'information et de nouveaux contacts. C'est ainsi que vous deviendrez un animateur du réseau chargé d'assurer les ponts entre les différents systèmes d'information.

Mais avant cela, intéressons-nous à la façon de créer et développer votre réseau.

Le réseau : de la mise en place au développement

Cette partie reprend un certain nombre d'outils qui vous permettent de gérer au mieux votre réseau. Il s'agit principalement de tableaux de suivi et d'analyse. Leur utilisation facilite la visualisation et l'anticipation.

Mettez en place votre réseau

Au demeurant, c'est une démarche simple mais qui demande du temps et de la constance. Aujourd'hui, nous disposons d'outils puissants pour construire cette base de données : il s'agit tout simplement des carnets d'adresses présents dans les téléphones portables ou dans les assistants numériques et qui peuvent intégrer des fonctionnalités intéressantes telles que, par exemple, la division du carnet d'adresse en catégories.

Qui compose votre réseau ?

Le tableau ci-dessous reprend les principales catégories évoquées dans les pages précédentes. Il permet une visualisation rapide de la structure du réseau, le rôle de chacune des composantes du réseau pouvant varier :

- **La famille** a principalement un rôle dans la structuration initiale du réseau.

- **Les amis**. Point central du réseau de par sa dimension dynamique, c'est un indicateur fort de votre capacité à entretenir et développer des relations dans la durée. Le réseau « amis » est précieux en cas de difficultés personnelles ou professionnelles. C'est souvent un réseau qui permet de vous ressourcer et de vous équilibrer.

- **Les collègues et ex-collègues**. C'est le réseau construit par excellence puisqu'il se développe dans un environnement contraint, celui du champ professionnel. Ce réseau assure un lien actif avec le monde de l'entreprise. C'est un pont entre le réseau acquis et le réseau professionnel. Ce réseau est utile dans l'entreprise et au-delà de l'entreprise. Dans l'entreprise, c'est un outil de performance vous permettant d'être informé en priorité, de valider des informations et de faciliter des processus de négociation. C'est aussi un moyen pour véhiculer des messages et contourner des obstacles. C'est enfin un outil de cré-dibilité, permettant de faire connaître vos actions et de les valoriser.

- **Les relations d'affaires.** Elles sont plus ou moins proches de vous et entretiennent des relations plus ou moins fortes. Cela peut aller de l'échange de cartes de visite au partenariat. Le rôle de ce réseau est la capture d'information. C'est la partie la plus éloignée du centre de la toile d'araignée, la famille. C'est celle qui permet d'avoir des informations venant de très loin. C'est un réseau de veille et d'anticipation.

Mon réseau

Famille	Amis	Collègues	Anciens collègues	Relations d'affaires	Autres

Quelle est la qualité de votre réseau ?

S'il est important d'avoir une image claire de votre réseau, il est encore plus fondamental d'en connaître l'efficacité. Nous entrons là dans une phase sensible. Loin de moi l'idée de considérer le réseau uniquement au travers de sa dimension « utilitariste », notamment pour la compo-sante « amis » et « famille ». Cependant, si vous décidez d'appliquer une démarche professionnelle, le réseau doit aussi être évalué. L'évaluation proposée page 161 prend en compte plusieurs critères, liés au rôle que peut jouer chacun des membres du réseau. Ces rôles sont au nombre de quatre :

- **Les décideurs.** Ce sont ceux qui disposent d'un pouvoir de décision dans l'entreprise ou qui maîtrisent un processus de décision. Ils peuvent débloquer des situations et sont consultés en dernier ressort pour faire un choix. On y trouve, par exemple, le dirigeant de société, le chef de département, les professeurs, les chefs de projets, etc. ;

- **Les influenceurs.** Leur pouvoir de décision est indirect. Ils aident les décideurs à prendre leurs décisions. Ils sont consultés pour donner leur avis. Leur opinion est appréciée, car provenant de personnes considérées par le décideur comme crédibles et fiables. Ils font partie intégrante d'un système de décision. Ils ne se définissent pas par leur rôle ou titre, mais par la qualité de leurs relations construites avec le décideur ;

- **Les informateurs et les relais.** Ils obtiennent et diffusent de l'information. Ils sont ceux qui voient et entendent, ceux aussi qui font entrer et sortir l'information de la société. Un informateur utile dispose d'informations en avant-première, et donc d'informations non encore diffusées en public. Un réseau efficace doit permettre d'obtenir des informations sensibles (dites « chaudes »), au détriment des informations publiques (dites « froides ») ;

- **Les conseillers.** À l'inverse des influenceurs ils ne sont pas liés à un système de décision, mais à vous. Les conseillers sont les personnes à qui vous demanderez un avis, et ceux pour lesquels votre avis pourra compter. On trouve dans cette catégorie des amis ou de la famille.

Le tableau suivant permet de mettre en place l'analyse de la valeur de votre réseau. Il croise les composantes du réseau (famille, amis…) et les rôles évoqués ci-dessus. Un réseau doit être équilibré et disposer de ressources partagées :

- **Équilibré**, ce qui suppose que votre réseau couvre tous les rôles, donc permet à la fois l'information passive, active et l'action ;

- **Partagé**, ce qui suppose que pour chaque rôle vous ayez plusieurs sources, vous permettant de valider l'information *via* plusieurs canaux, et de ne pas être tributaire d'une source unique.

Il est important de noter que les rôles peuvent évoluer en fonction des objectifs individuels. Ce tableau est d'autant plus efficace qu'il est réalisé en fonction d'un objectif clair : par exemple, trouver un emploi. Dans ce cas :

- **Les décideurs** sont ceux qui peuvent vous recruter (pouvoir de dire oui) ;

- **Les influenceurs** sont les DRH, recruteurs, cadres qui cherchent à recruter et qui seront consultés dans le cadre d'un recrutement ;

- **Les informateurs** disposent d'informations non publiques sur des recrutements en cours ;
- **Les conseillers** sont les personnes vers lesquelles vous retourner pour savoir quoi faire dans tel ou tel cas (vous préparer à un entretien, rédiger un CV, obtenir un conseil sur le secteur d'activité ou sur l'entreprise…).

Analyser mon réseau

Qui compose mon réseau	Comment se structure mon réseau ?			
	Décideurs	Influenceurs	Informateurs	Conseillers
Famille				
Amis				
Collègues actuels				
Anciens collègues				
Relations d'affaires proches				
Relations d'affaires (étendues)				
Recruteurs potentiels				

Entretenez votre réseau

Sans entretien, sans nourriture (l'information) et sans vous en servir, le réseau peut se rétrécir. À défaut, il en subsistera toutefois quelque chose, certaines actions suffisant à le relancer. Cependant quelques règles simples permettent de maintenir votre réseau à un niveau d'efficacité optimale, sans pour autant y consacrer une énergie débordante. Ces règles sont les suivantes.

Utilisez-le : pour durer, le réseau doit servir

C'est un des bons cotés du réseau, il s'use si on ne s'en sert pas. Le réseau a donc besoin d'actions et de sollicitations régulières. Outre les sollicitations « dirigées » qui répondent à un objectif clair, il vous faut aussi constamment nourrir le réseau d'informations qui vous concernent. Les occasions sont multiples, depuis les vœux de fin d'année, en passant par des informations sur l'évolution de votre situation professionnelle (changement de poste, changement d'entreprise, changement de pays…) ou de votre situation personnelle (naissance, mariage, déménagement).

Actualisez-le : un réseau efficace doit être nettoyé régulièrement

Le monde bouge et votre réseau aussi. Il grandit sans cesse et comporte de plus en plus d'informations. Pour être utiles, ces informations doivent être récentes et si possible validées. Or, faute d'entretien, le réseau se remplit d'informations fausses, inutiles, voire dangereuses car dépassées (anciennes coordonnées professionnelles, mauvaises adresses, titres et responsabilités erronés...). Transmettre de mauvaises informations aura pour conséquence de vous décrédibiliser voire de vous isoler.

Effectuez donc une maintenance de votre réseau au moins une fois par an. L'occasion rêvée : les vœux de fin d'années. En envoyant des cartes de vœux avec vos coordonnées et quelques informations utiles, vous permettrez à votre réseau de maintenir à jour ses informations, et vous obtiendrez en retour une masse de données (nouvelles adresses, changements de fonction...) que vous utiliserez pour actualiser votre base de données.

Étendez-le et connectez-le : un réseau se nourrit d'informations

Il vous faut multiplier les opportunités de faire grandir votre réseau en le liant avec d'autres réseaux existants. Les connexions seront d'autant plus efficaces qu'elles se baseront sur des similarités ou des conjonctions d'intérêts. Par exemple, un réseau professionnel de directeur des ressources humaines pourrait se connecter avec un réseau de consultants en entreprise, un réseau d'amateurs de bons vins avec un réseau d'amateurs de cigares, etc. Le succès de la connexion efficace réside dans la capacité à trouver des centres d'intérêt communs.

Animez-le : un réseau aime être dirigé

Un réseau n'est pas un corps autogéré, il a besoin de direction, de règles, de directives et d'animation. Pour être efficace, votre réseau doit se constituer autour d'un noyau dur qui sera chargé de l'animer, de le diriger et de le faire grandir. Dans la plupart des cas, ce noyau dur est constitué d'une personne, mais parfois le réseau peut prendre une forme plus structurée, voire plus professionnelle. Le réseau entre alors dans une autre dimension, celle des clubs, associations ou groupes professionnels.

Le schéma suivant résume ce que nous venons de voir : un réseau se construit dans la durée et par l'empilement de diverses couches.

Développer son réseau

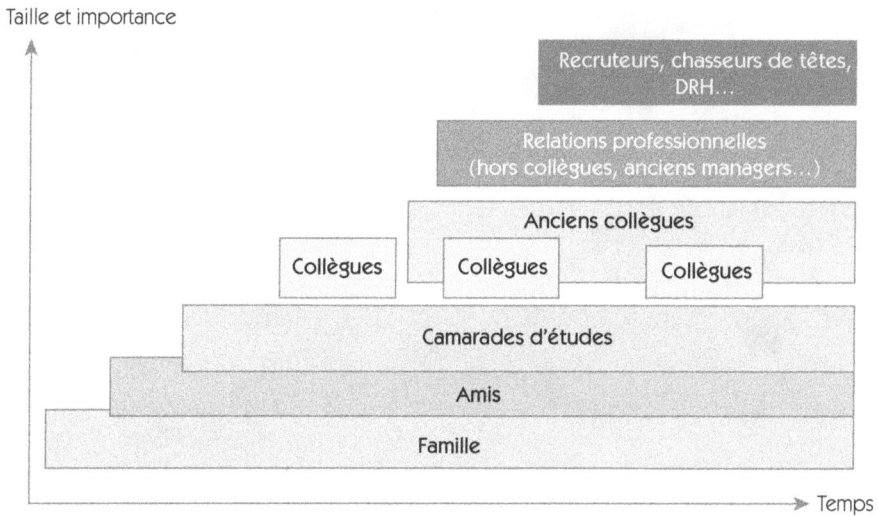

Taille et importance

Recruteurs, chasseurs de têtes, DRH…

Relations professionnelles
(hors collègues, anciens managers…)

Anciens collègues

Collègues

Collègues

Collègues

Camarades d'études

Amis

Famille

Temps

Un fort niveau de préparation individuelle, de grandes capacités d'auto-analyse, une véritable implication dans votre développement et votre formation, un réseau varié et une vision précise rendent donc votre parcours professionnel plus lisible et plus facile à entreprendre. Mais il manque une dernière composante. En effet, l'atteinte des objectifs ne doit pas se faire au détriment de l'équilibre personnel. Réussir peut rimer avec concessions, mais rarement avec sacrifices !

Dans la dernière étape, nous allons nous intéresser à la façon de gérer au mieux l'équilibre entre vie privée et vie professionnelle et faire mentir Bernard Grasset qui pensait que « la réussite n'est souvent qu'une revanche sur le bonheur ».

Étape 7

Soyez heureux !

Ou comment assurer un équilibre entre vie privée et vie professionnelle

*« Si j'avais un secret
pour concilier vie professionnelle et vie privée,
je le vendrais. »*

Sean Connery (acteur)

Stress, changements, tensions, inquiétude, mobilité sont autant de thèmes qui dépassent largement la sphère professionnelle. Clairement séparés durant de très nombreuses années, les mondes professionnels et personnels sont de plus en plus liés, au point de poser aujourd'hui la question de savoir comment gérer leur relation, cette question sous-entendant principalement que l'entreprise empiète de plus en plus sur le domaine privé. En effet, l'entreprise est devenue poreuse et nous sommes de plain-pied dans la société de l'information, qui ne cesse de prendre de l'ampleur. Que faisions-nous, il n'y a que dix ans, sans Internet, l'ordinateur portable de 2 kg ou le téléphone portable, sans parler du PDA (*Personal Digital Assistant*) ou du Smartphone connecté en permanence au serveur de l'entreprise – à l'instar du BlackBerry ? Cette évolution fait que vous pouvez désormais transporter votre bureau avec vous. La frontière physique entre bureau et maison a volé en éclat en quelques années.

Et pourtant la question demeure : pouvez-vous séparer votre vie privée de votre vie professionnelle ? Autant apporter une réponse claire : Non, ou du moins plus comme avant.

Alors qu'en France on évoque encore la séparation entre les deux mondes, les Anglo-Saxons – plus pragmatiques – parlent de *work/life balance*. Équilibre, séparation, compatibilité sont la partie visible d'un problème plus vaste : la dématérialisation progressive de l'environnement professionnel – plus de bureaux, plus d'ordinateur fixe, plus d'horaires, plus de rattachement physique ou culturel. Et cette montée en puissance de la dimension intangible du travail provoque un bouleversement sur notre vie en général. C'est une forme de lutte entre l'intangible professionnel et le tangible personnel (votre maison, votre famille, vos loisirs).

Alors quelle démarche adopter ? Séparation, renoncement ou équilibre (qui suppose pour fonctionner un poids réparti équitablement) ? Peut-on séparer l'*Homo economicus* de l'*Homo loisirus* ? Ce chapitre va essayer d'apporter des éclaircissements, à défaut de réponses. Car, dans ce domaine, la réponse est forcément différente en fonction de chaque individu.

Votre équilibre est source de cohérence

Le fait est certain : il est difficile de débrancher votre cerveau entre le bureau et la maison. Il est difficile de ne plus lire les journaux, d'éviter la télé, Internet ou les discussions entre amis qui tournent autour de « comment ça se passe dans ta boîte ? » ou « quoi de neuf au boulot ? ». Ce qui signifie que l'entreprise fait forcément partie de votre vie privée, et réciproquement.

Une fois ce fait affirmé et reconnu, il vous faut apprendre comment gérer au mieux cette relation de plus en plus complexe. Car, alors que la séparation des deux mondes a longtemps été évoquée, il vous faut penser désormais en terme d'intégration basée sur une relation gagnant/gagnant.

Préférez l'équilibre à l'opposition

La première règle est que, la construction d'un mur infranchissable étant impossible, plutôt que d'opposer, il vous faut chercher à définir et équilibrer votre zone protégée. Le concept d'équilibre est important et s'appuie sur plusieurs éléments :

- Un équilibre suppose un poids équivalent de deux composantes : le personnel et le professionnel ;

• Un équilibre est un état recherché, donc non subi. Nous parlerons de déséquilibre à partir du moment où vous vous retrouvez dans une situation ou vous subissez l'intrusion de votre contexte professionnel dans votre vie personnelle. Vous devrez alors en assumer les conséquences – pour vous et votre famille – alors que vous n'en êtes pas à l'origine. Cette situation est génératrice de stress négatif et de lourdes conséquences sur votre santé et votre équilibre personnel.

Le schéma ci-dessous reprend ce concept. Pour parvenir à un équilibre, il vous faut passer par plusieurs étapes :

• **Définissez votre zone protégée**, à savoir celle qui ne devra jamais être touchée par des soucis professionnels. Il peut s'agit de définir un minimum de temps avec votre famille (15 jours de vacances par an sans contact avec votre bureau, au moins une soirée par semaine pour vous occuper de vos enfants et donc ne pas rentrer après 18 heures, etc.). Cette sphère vous permettra de définir par la suite des règles articulées autour d'un minimum acceptable. À noter que le même exercice peut être fait pour la zone professionnelle, en identifiant la zone protégée qui ne doit pas être influencée par des situations personnelles ;

• **Fixez les règles en matière d'interaction entre la vie professionnelle et la vie privée.** Il s'agit d'identifier et de définir la zone tampon qui se trouve entre la zone professionnelle et la zone personnelle qui sert de sas entre les deux environnements. Cette zone d'interaction est une zone de compromis qui permet de répondre tant à vos exigences personnelles que professionnelles. Son étendue varie en fonction du type et du niveau de vos responsabilités professionnelles. Elle peut aussi dépendre de votre état de maturité professionnelle ou de votre objectif personnel : en début de carrière, certaines personnes font délibérément le choix de privilégier la vie professionnelle au détriment de la vie personnelle, et s'autorisent donc une zone d'interaction qui empiète largement sur la zone personnelle, arrivant à la limite de la zone protégée. Dans ce cas, on parle encore d'équilibre, puisque le choix est délibéré et non subi ;

• **Déterminez la taille et la composition des deux zones.** L'équilibre est important, car il est vital de ne pas construire votre vie uniquement autour de votre travail. En effet, tout faire dépendre de votre vie professionnelle contribue à créer une situation de fort risque. En cas de perte de votre travail, aucun point d'ancrage hors de l'environnement professionnel ne vous permettra de vous ressourcer ou de relativiser cette situation difficile. Et sans capacité de relativiser, le risque de crise et/ou dépression devient particulièrement important.

Équilibre vie privée/vie professionnelle

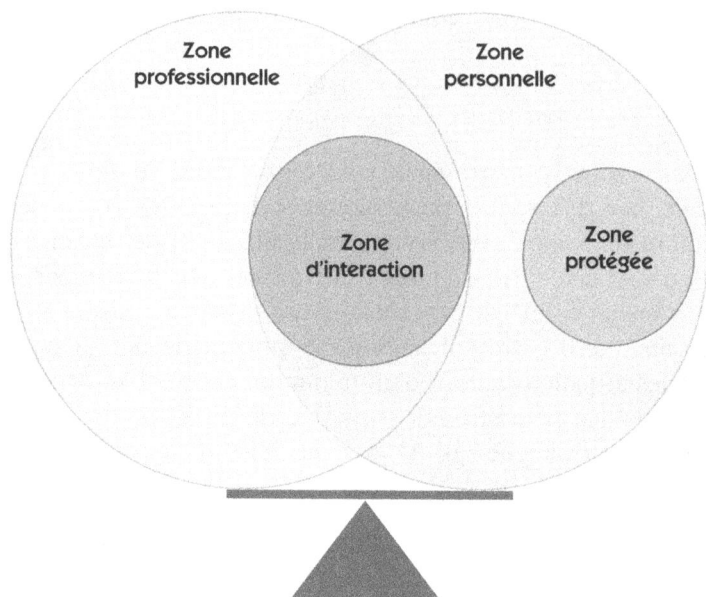

Une fois les conditions de l'équilibre réunies, il vous faut vous intéresser aux situations qui pourraient le remettre en cause.

Le déséquilibre consiste en une intrusion subie de la zone professionnelle dans la zone personnelle, débouchant sur une réduction de la zone personnelle et une mise en danger de la zone protégée. Les règles définies afin d'assurer l'équilibre ne sont plus respectées, et le retour à une situation normale est quant à lui fortement compromis. Le retour à l'équilibre suppose déjà de stopper l'intrusion en réaffirmant les règles, en refusant certaines situations pourtant acceptées au préalable et en reprenant le contrôle *via* le recours à vos fondamentaux et à votre base identifiés aux étapes 1 et 2.

Il ne s'agit donc pas d'appliquer une méthode ou un process, mais de prendre des décisions impliquantes qui nécessiteront de l'énergie et du courage. Énergie pour retrouver l'équilibre, courage pour réaffirmer vos règles dans un cadre professionnel exigeant.

Déséquilibre vie professionnelle/vie privée

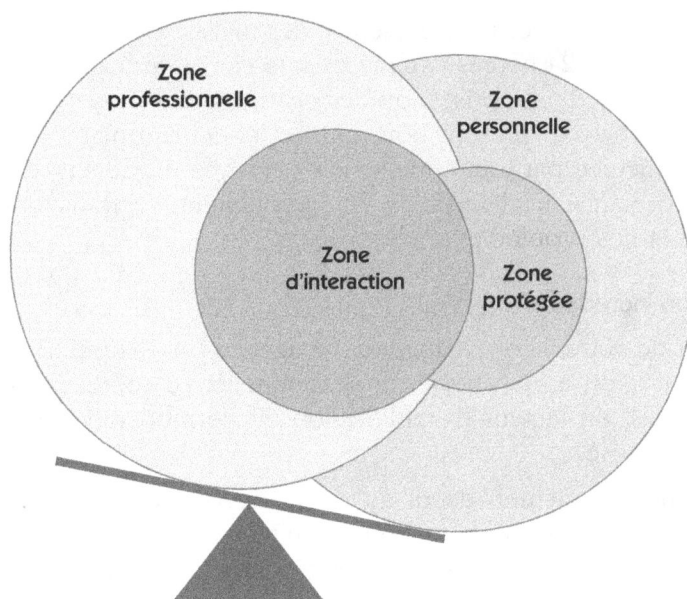

Identifiez et traitez les risques de dérapage

Les risques de déséquilibre sont nombreux, mais ils restent tous articulés autour de la notion de pression ou de stress :

- Pression des objectifs et du temps imparti pour les réaliser ;
- Pression du management ;
- Stress lié à des situations particulières telles qu'un changement de situation, une sortie de la zone de confort, des tensions relationnelles, un changement de management…

Leur impact sur votre vie personnelle varie cependant en fonction de votre capacité individuelle à gérer la pression. En effet, nous sommes responsables de l'intrusion de l'entreprise dans nos foyers, car nous avons, toutes et tous, une façon particulière de gérer notre stress, certains préférant être tenus constamment au courant de ce qui se passe dans l'entreprise, d'autres ayant besoin de moments de coupure absolue d'avec le monde professionnel pour se ressourcer.

La question de l'équilibre est de ce fait intimement liée à votre capacité de gestion individuelle du stress et de la pression, la pression venant de deux sources : l'entreprise ou vous-même.

La pression de l'entreprise

Elle vient des sollicitations du management, des *deadlines* impossibles à atteindre sans travailler les week-ends, des mails auxquels il faut répondre en moins de 24 heures comme c'est le cas en terme de *policy* dans de plus en plus d'entreprises, ou des changements de dernière minute à intégrer dans une présentation pour le lendemain matin à 8 heures. Elle est véhiculée par toute une série de nouveaux gadgets, de plus en plus performants et accessibles, qui permettent de transporter votre bureau – et vos problèmes – avec vous.

La pression individuelle

Elle vient de votre façon de gérer ces exigences mais aussi de votre attitude par rapport à la « chose » professionnelle. Le contexte familial ou personnel est un facteur d'amplification ou de modération de la pression d'entreprise.

L'environnement actuel, décrit au cours de la première étape a une conséquence majeure sur notre gestion du temps : il rend tout immédiat et intangible en supprimant les barrières géographiques, physiques ou temporelles. Le monde fonctionne en 24/7 (24 heures sur 24, 7 jours sur 7), au point d'ignorer les fuseaux horaires. Par exemple, je dînais récemment chez un ami consultant qui nous a abandonnés à 22 h 00 pour une *conference call* avec un de ses clients basés aux USA, côte Ouest : pour le client, il était 9 heures de moins… soit l'heure du déjeuner.

La pression individuelle dépend donc de plusieurs facteurs :

- **Votre façon de gérer votre stress** (votre capacité à prendre du recul, à mettre en place des soupapes de décompression – loisirs, famille, autres activités, santé) ;
- **L'importance que vous accordez à votre vie professionnelle par rapport à votre vie personnelle** et réciproquement, les facteurs associés étant votre situation personnelle (célibataire, marié, des enfants ou pas…), votre maturité professionnelle ou la maîtrise de votre environnement de travail ;
- **La dimension plaisir et bonheur dans votre travail** : un travail qui plaît ne stresse pas de la même façon qu'un travail qui ne plaît pas. La dimension « plaisir dans le travail » est un facteur apaisant et vous permet donc de vous protéger ;
- **Votre capacité à vous affirmer** et à gérer le système complexe qui consiste à intégrer vie personnelle et vie professionnelle ;
- **Votre capacité à dire non** et à ne pas confondre service et servilité.

Le schéma ci-dessous prend en considération ces deux dimensions (pression personnelle et professionnelle) et les croise afin de proposer quatre situations différentes :

Pression individuelle ou pression de l'organisation : comment concilier les deux ?

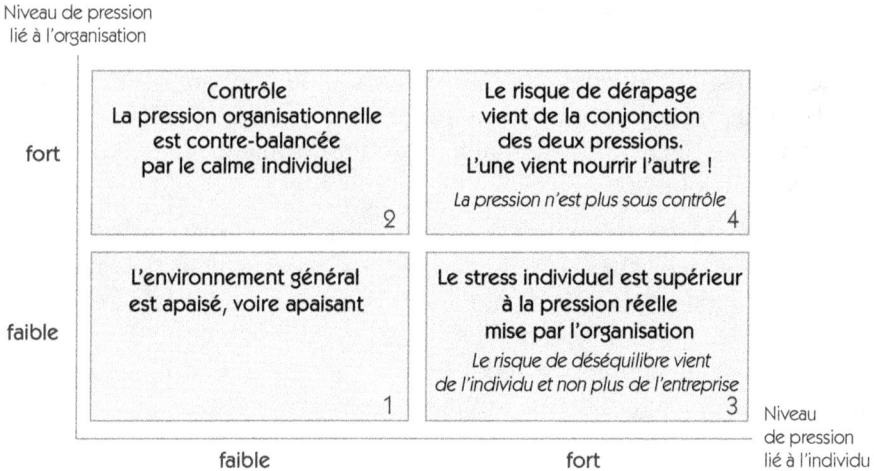

Niveau de pression
lié à l'organisation

	faible	fort
fort	**Contrôle** La pression organisationnelle est contre-balancée par le calme individuel 2	**Le risque de dérapage vient de la conjonction des deux pressions. L'une vient nourrir l'autre !** *La pression n'est plus sous contrôle* 4
faible	**L'environnement général est apaisé, voire apaisant** 1	**Le stress individuel est supérieur à la pression réelle mise par l'organisation** *Le risque de déséquilibre vient de l'individu et non plus de l'entreprise* 3

Niveau
de pression
lié à l'individu

* Le premier cas (1) est le plus simple, car il s'agit d'un environnement apaisé, où le niveau de pression mis par l'organisation est aussi faible que votre niveau de pression individuel. Cette situation est probablement idéale aux yeux de beaucoup, mais de plus en plus rare. Elle peut cependant correspondre à des moments particuliers ;
* Lorsque la pression de l'entreprise est forte (2), mais que votre pression individuelle reste faible, nous sommes dans un cas de maîtrise individuelle et de rapport de forces équilibré. À une forte pression répond un fort appoint qui limite donc les effets de l'intrusion des soucis professionnels dans votre vie personnelle ;
* Le cas est inverse quand la pression de l'entreprise (3) reste faible, mais que votre niveau de pression individuel est fort. Cette situation traduit un malaise face à votre organisation ou face à votre travail. Il peut aussi s'agir d'une situation personnelle difficile qui renforce votre stress lié au travail. Dans tous les cas, la solution vient de vous, et non de l'organisation. Il vous faut alors vous poser la question de votre pérennité dans ce poste ou dans cette organisation, et d'un éventuel changement qui pourrait avoir des conséquences bénéfi-

ques. Attention cependant à bien analyser les raisons de ce fort stress personnel. Il peut aussi être généré par des situations extra-professionnelles particulièrement difficiles ou impliquantes, telles qu'un divorce, un déménagement ou un décès ;

- Le dernier cas (4) est la conjonction de pressions fortes, c'est une zone rouge de danger ou les pressions viennent se renforcer mutuellement au risque de devenir incontrôlables. Si la situation dure, elle aura des conséquences négatives en terme de performance, voire de santé. La première façon d'aborder ce cas sera de prendre conscience de la situation. En effet, cette combinaison peut rendre sourd et aveugle, vous isolant de votre environnement proche et stable (familles et/ou amis) et vous enfermant dans une problématique qui semble devenir insoluble.

La prise de conscience en matière de pression se fait souvent par l'intervention de vos proches. Une fois celle-ci réalisée, il vous faut rationaliser la situation et la faire passer de l'émotion aux faits. Ceci vous permettra de ramener les sources de pression à leur juste importance. Pour ce faire, une prise de recul est souvent indispensable, vous permettant de vous fixer un plan de « retour au calme » qui s'appuie sur les questions suivantes :

- Pourquoi en suis-je là ?
- En quoi suis-je responsable ?
- En quoi d'autres personnes sont-elles impliquées ?
- Qu'est-ce que je dois vraiment faire dans mon travail ?
- Qu'est-ce que je peux décaler ou déléguer ?
- Qu'est-ce que je peux supprimer ?
- Comment en parler à mon manager ?
- Qui sont mes alliés, mes points d'appui ou mes ressources ?

Quand vous avez répondu à ces questions, il vous suffit de lister et prioriser les cinq actions principales à entreprendre.

Il faut cependant noter que nous ne sommes pas égaux devant la pression. Certaines personnes ont une capacité plus importante que d'autres à supporter un niveau de stress élevé. Il y a de multiples recettes pour gérer au mieux la pression mais les plus efficaces restent votre capacité à prendre du recul, à varier les activités et à vous connaître.

La prise de recul consiste à analyser les situations à froid plutôt qu'à chaud, en pesant le pour et le contre et en réfléchissant aux solutions éventuelles, et à leurs conséquences. Le fait de ne pas être mono-centré est également important. La pression est d'autant plus forte qu'elle s'exprime dans un environnement fermé, sans aucune soupape de sécurité. La zone personnelle protégée, le réseau, les activités extraprofessionnelles ou les loisirs sont autant de moyens de créer des soupapes efficaces, qu'il vous faut cependant sanctuariser pour ne pas laisser la pression se répandre sur ces zones de « dégagement ». Une dernière manière de limiter les effets de la pression est de toujours être prêt à affronter toutes les situations, et surtout les plus désagréables et les plus déstabilisantes. Une grande partie de ce livre est finalement consacrée aux méthodes de préparation et d'anticipation qui vous aident à vous poser les bonnes questions, et à anticiper certaines réponses.

La pression étant d'autant plus forte qu'elle arrive par surprise, une bonne préparation vous permettra donc d'en limiter les effets et les conséquences personnelles.

L'équilibre vie privée/vie professionnelle : une problématique d'entreprise

La question de votre équilibre de vie n'est plus uniquement une question personnelle. Elle est devenue une préoccupation fondamentale de l'entreprise pour deux raisons très pragmatiques :

- Le stress est improductif ;
- Le concept de *work/life balance* est un critère de recrutement et de rétention.

Performance et stress : un mélange à manipuler avec précaution

Beaucoup d'études le confirment, un peu de stress optimise la performance, beaucoup de stress la détruit. Or, le stress est un des facteurs à l'origine de nombreux déséquilibres entre vie personnelle et vie professionnelle. C'est ce que représente la courbe ci-dessous en identifiant un optimum de pression qui correspond aussi à un maximum de performance. Au-delà de ce pic, tout rajout de pression se traduira en effet négatif sur la performance.

Stress et performance

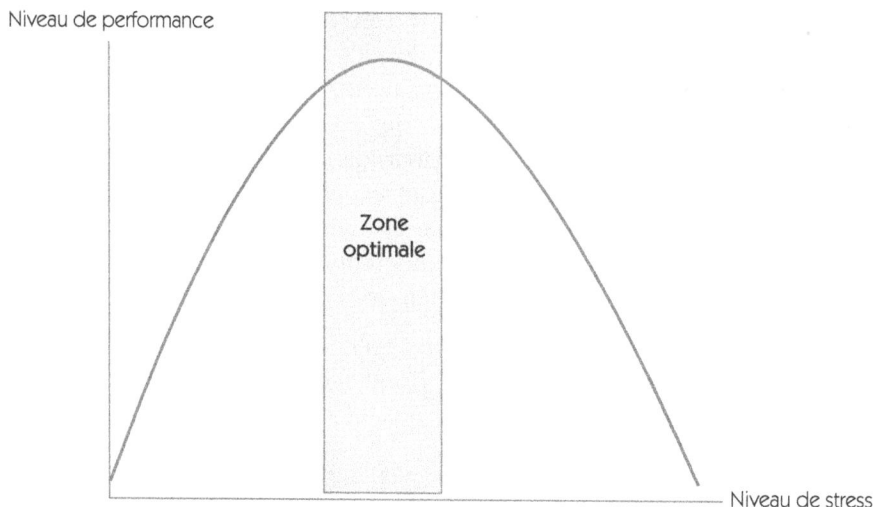

Niveau de performance

Zone
optimale

Niveau de stress

Le niveau de stress est donc un facteur que les entreprises prennent de plus en plus au sérieux pour des raisons économiques (impact sur les résultats), éthiques (image d'entreprise) et sociales (climat, protection des salariés contre le harcèlement, santé). Mais, au-delà de cette prise de conscience, l'entreprise se trouve aussi confrontée à une nouvelle exigence des candidats et des employés, celle du respect de leur vie privée.

Recruter, garder et faire évoluer les mentalités

L'étude Towers Perrin, déjà mentionnée au début de ce livre, porte également sur les attentes vis-à-vis des entreprises et les raisons qui font qu'une personne souhaite rejoindre une entreprise, y rester ou la quitter.

À la question de savoir quels sont les facteurs qui rendent attractifs une entreprise, 43 % des personnes sondées répondent la *work/life balance*, donc la façon dont cette entreprise prend en compte cette problématique. Ce point se classe en deuxième position des critères les plus importants, après la capacité à avoir un travail intéressant, mais avant le salaire (n° 3 – 39 %), les opportunités de carrière (n° 4 – 38 %), les opportunités de formation (n° 5 – 37 %) ou la possibilité d'avoir des augmentations de salaires liées à la performance individuelle (n° 6 – 31 %).

Pour ce qui est de rester dans l'entreprise (autrement appelé « rétention »), le critère *work/life balance* se place en sixième position, restant cependant devant le salaire, les opportunités de carrière ou la capacité du manager à inspirer confiance et enthousiasme. Dans le cas de la rétention, l'autonomie, la formation, la réputation de l'entreprise et la volonté de retenir les compétences clés sont classées parmi les premiers critères.

Cette problématique est donc devenue une question de stratégie, de politique de ressources humaines, mais encore plus de management. Le management est en effet effectivement au centre de cette problématique, car les abus en terme de non-respect de l'équilibre vie professionnelle/vie privée ne viennent que très rarement de l'entreprise qui est une organisation intangible, mais sont la conséquence d'une pratique managériale.

Le manager en tant que source d'équilibre

La relation managériale est souvent au cœur des situations de stress et de pression, le manager étant effectivement un véhicule de stress important. Beaucoup trop de managers considèrent que le renforcement – sans limite – de la pression est un facteur d'accroissement de la performance, Nous avons vu que ceci est vrai jusqu'à une certaine limite, mais qu'au-delà de cette limite, toute pression supplémentaire devient source d'inefficacité.

La question se pose alors de savoir quel est le comportement idéal de votre manager dans une situation de stress. Il y a en fait plusieurs règles à respecter :

- **Votre manager doit protéger son équipe de son propre stress.** Il ne doit pas la traiter en conséquence de son propre stress. Un manager efficace est capable de différencier la pression qui s'exerce sur lui et la pression qu'il doit mettre sur son équipe ;

- **Votre manager doit protéger son équipe de la pression externe.** Il doit donc servir de filtre et non pas d'amplificateur. Son rôle ne consiste pas forcément à supprimer ou assumer toute la pression, mais plutôt à la rendre acceptable par une adéquation entre les objectifs, les réalisations, la performance de l'équipe et les attentes de l'organisation. Un des facteurs de protection réside dans sa capacité à expliquer, analyser et prendre du recul ;

- **Votre manager doit construire des espaces de repli** car une équipe doit respirer et se ressourcer. Il doit être capable de les créer comme de créer des espaces de dégagement et de relativisation. Par exemple, les managers d'une force de vente dans une grande société de vente de copieurs avaient pris l'habitude d'organiser des journées de dégagement au cours desquelles ils invitaient l'ensemble de leurs équipes à une journée de loisirs, prise sur les horaires de travail. Sans pour autant mettre en place ce type d'action, un manager doit permettre à chacun des membres de son équipe de se replier et de se protéger face à des situations de fort stress ;

- **Votre manager doit apprendre à relativiser**, à aider son équipe à prendre du recul. Une communication directe, libérée de tout message trop politiquement correct et basée sur les émotions aide chaque membre de l'équipe à relativiser. En situation de fort stress, le manager doit communiquer pour expliquer, mais aussi humaniser les situations en partageant ses sentiments et ses avis.

Ceci n'est possible que dans un environnement de confiance et d'écoute réciproque.

Un nouveau contexte, de nouvelles exigences

La relation managériale est essentielle, mais elle ne doit pas escamoter d'autres responsabilités telles que celles de l'entreprise qui influence également les comportements en son sein.

Aujourd'hui l'entreprise prend à bras-le-corps la problématique de la relation entre vie privée et vie professionnelle. Ce mouvement est opéré sous la pression du marché et des candidats, et doit permettre de gagner ce qui est qualifié de nos jours de « guerre des talents ».

Il y a encore quelques années, l'entreprise centrait son discours de rétention sur des sujets comme la formation interne, les opportunités de carrière ou les avantages en terme de rémunération. Mais la globalisation est passée par là, avec son cortège de nouveaux modes de fonctionnement, de pression et de nouvelles exigences de productivité. Face à cela, la montée du chômage, renforcée par le fait que l'entreprise n'est plus en mesure de tenir de nombreuses promesses faites il y a quelques années, a créé la génération « sceptique ». Il s'agit d'une génération qui n'a connu que la crise, ou plutôt les crises, sautant de la fin de la bulle Internet aux déboires de la mondialisation. Cette génération s'est endurcie en faisant face aux nombreuses promesses non tenues du système éducatif et des entreprises. Elle s'est construite dans un paradoxe, celui de l'argent facile, de la communication à outrance, mais aussi de la recherche du sens et du besoin de nouvelles références. Elle n'est plus naïve, voire plus assez naïve. Elle a perdu de sa candeur et appris à se protéger. L'une de ces protections est l'exigence du respect de la vie privée, et la coexistence entre le monde professionnel et le monde personnel. Si l'interaction entre les deux mondes reste possible, les nouvelles exigences clairement évoquées lors des entretiens de recrutement portent sur la façon dont l'entreprise facilitera la vie privée. Il ne s'agit plus d'une barrière ni d'une coexistence, mais d'une symbiose où la vie privée pourrait bénéficier de l'entreprise.

Et l'entreprise doit réagir et s'adapter. Elle le fait en lançant des initiatives visant à faciliter la vie privée, mettant en place de nouveaux services jusqu'alors gérés par des commerçants ou des organismes publics. Il s'agit des crèches d'entreprise, de la mise en place de services divers au sein même des sociétés, tels que le pressing, l'agence bancaire, l'agence de voyage ou les conseils en investissement personnel. Parallèlement, apparaissent de nouveaux modes de travail : la généralisation du temps partiel, le travail à domicile ou les horaires aménagés.

Mais un paradoxe apparaît : à force de vouloir séparer les deux environnements, ils se rapprochent de plus en plus. Dans une optique totalement différente, cependant : avant opposées, la vie privée et la vie professionnelle commencent à s'imbriquer sur la base d'un accord de réciprocité gagnant/gagnant.

La révolution technologique : opportunités ou menaces ?

De nombreux points évoqués dans les pages précédentes ont à voir avec la révolution technologique actuelle. Ce que certains appellent la révolution de l'information a débuté il y a 20 ans avec l'apparition des premiers ordinateurs personnels, puis avec la généralisation d'Internet.

Mais depuis quelques années, la révolution de l'information se double d'une révolution de la mobilité. Le premier PC pesait 11 kg et était moins puissant que nos calculatrices actuelles. Désormais, un téléphone portable amélioré permet de recevoir et d'envoyer des e-mails, de consulter Internet depuis une borne Wi-Fi ou *via* le réseau téléphonique, de lire des documents de toute sorte mais aussi de regarder des vidéos, d'écouter de la musique ou de passer en revue les photos du petit dernier ou le diaporama des dernières vacances. Et ceci n'importe où et n'importe quand ! On peut donc désormais transporter « sa vie » avec soi. Ce qui signifie que vous pouvez aussi transporter votre bureau avec vous...

Mais si la technologie a bouleversé nos habitudes, les mentalités restent parfois encore bloquées sur des concepts nés au xxe siècle. Pourtant, nous ne sommes qu'au début de nos surprises, car la génération actuellement aux commandes a connu deux périodes : l'avant et l'après PC. Ce statut est unique. La prochaine génération qui prendra les commandes des entreprises et de la vie publique aura grandi dans l'ère numérique.

Un petit garçon de 2 ans sait désormais se servir d'une télécommande et considère le téléphone portable comme une partie de son environnement naturel depuis sa naissance. Un enfant de 7 ans sait surfer sur Internet, charger un DVD dans un lecteur et commence à disposer d'un téléphone portable qui lui permet d'apprendre le langage SMS. Triste, scandaleux... ou tout simplement normal. Lorsque les premiers trains sont apparus, il y avait des médecins pour mettre en garde les futurs passagers des risques pour la santé des vitesses dépassant 60 km/h. Et pourtant le TGV est passé par là !

Il est donc illusoire de résister, il faut au contraire accompagner et construire de nouvelles références compatibles avec cette « mobilution ». Ceci est désormais indispensable pour conserver une cohérence et un équilibre basés sur de nouvelles règles. Parce que sans cette réflexion, la révolution technologique sera génératrice de plus en plus de déséquilibre entre votre sphère professionnelle et votre sphère privée.

La mobilité technologique permet effectivement d'aller plus vite ou d'être multitâche. Mais sa conséquence est un grandissant sentiment de « non-accomplissement » dû à la multiplicité des actions à mener et de la rapidité des changements à intégrer et à générer, ainsi qu'un risque de mise en place d'attitudes d'attente liées à une impression de débordement due à la confusion entre urgences et priorités. La mobilité technologique permet aussi de travailler partout, entraînant une rupture de la digue familiale et la disparition potentielle des zones de repos ou de repli. Ceci se trouve renforcé par la notion d'immédiateté sous-jacente : vous êtes joignable tout le temps, donc vous devez être disponible et informé tout le temps ! C'est ainsi qu'apparaît un nouveau stress, que l'on pourrait résumer par « je dois tout savoir tout de suite », qui nie complètement la notion de délégation et celle de prise de risque, pourtant considérées – encore actuellement – comme des piliers de la performance managériale.

La technologie est donc génératrice de pression et d'instabilité. Mais, d'une autre façon, elle est aussi génératrice de nouveaux espaces de liberté et d'autonomie. La mobilité permet d'organiser et de penser

votre travail différemment, associant sphère privée et sphère professionnelle. Elle élimine peu à peu les contraintes horaires et physiques
(bureau) liées au travail, et rend obsolète des débats comme celui sur
les horaires de travail. Elle renforce votre capacité à prendre des décisions et à les faire partager, améliore les communications et accélère le
processus de création de réseaux et d'interactions. C'est aussi une formidable opportunité pour apprendre de façon différente. Comme Janus,
la mobilité a deux visages.

Et seule une prise de conscience collective, relayée par un nouveau
processus d'éducation, permettra d'utiliser au mieux ces nouveaux
outils, car aujourd'hui ils se plaquent sur une réalité construite sur des
bases anciennes, alors qu'il faudrait au préalable réfléchir aux attentes
et y adapter les outils nécessaires. Un nouvel équilibre de vie sera alors
possible, mais sans cet équilibre rien n'est possible !

Conclusion

Et la chance dans tout cela ?

« Le succès est une échelle sur laquelle on ne peut pas monter les mains dans le dos. »

Proverbe américain

Nous voici au bout de la route… ou plutôt, nous voici arrivés au début du chemin.

Alors, s'il ne fallait retenir qu'une chose parmi toutes celles évoquées dans ce livre, c'est que le vrai succès est fait de cohérence et d'harmonie, ces deux notions étant stables et durables. Il n'y a pas de succès dans la recherche constante du « plus », que ce plus ait à faire avec l'argent, le grade ou la notoriété. Et la cohérence se construit par le travail, ou l'effort, plutôt. Alors que le travail est une approche productiviste, l'effort reste plus qualitatif. L'effort consiste à toujours essayer de mieux faire et suppose une parfaite connaissance et maîtrise de soi.

Mais l'effort sans la chance ne donne parfois pas grand-chose. Rien n'est plus difficile à décrire que la chance. Elle prend la forme d'une rencontre, d'une opportunité, d'un message ou d'une information. Elle surgit souvent, mais se laisse prendre rarement. Et si la chance ne se crée pas, une bonne préparation permet d'être plus à même de la reconnaître et de la saisir lorsqu'elle se présente. La préparation reste donc un des piliers du succès. Et sa première valeur est d'éviter la naïveté.

Je ne dis pas que l'ensemble des points évoqués tout au long de cet ouvrage garantira le succès. Là encore, ce serait mentir et tenir un discours trop simpliste. Les quelques règles évoquées sont des balises et une partition que vous êtes libre d'interpréter en fonction de votre projet personnel et de votre vision. Mais je suis sûr d'une chose, c'est que de ne rien essayer n'engendre certainement pas la réussite.

Un projet, une recherche de cohérence et une véritable capacité à se remettre en cause… le tout avec une forte dose de chance et d'effort… Tous ces ingrédients ont forcément leur place dans la recette du succès.

Mais le plus important reste la vision, car, comme l'a si bien écrit Laurence Peter, l'auteur du fameux *Principe de Peter* : *« Si vous ne savez pas où vous allez, vous finirez probablement quelque part ailleurs. »*

Index

www.ingramcontent.com/pod-product-compliance
Lightning Source LLC
Chambersburg PA
CBHW072344200326
41519CB00015B/3659